LA TRAVESÍA DEL REDENTOR

YOLANDA
MEYENBERG
LEYCEGUI

LA TRAVESÍA DEL REDENTOR

Discurso, propaganda y poder en el lopezobradorismo

Ariel

Diseño de portada: Planeta Arte & Diseño / Estudio La fe ciega / Domingo Martínez
Fotografía de portada: Creative Commons
Diseño de interiores: Eunice Tena Jiménez

Bajo el sello editorial ARIEL M.R.
Avenida Presidente Masarik núm. 111,
Piso 2, Polanco V Sección, Miguel Hidalgo
C.P. 11560, Ciudad de México
www.planetadelibros.com.mx
www.paidos.com.mx

Primera edición impresa en México: julio de 2023
ISBN: 978-607-569-528-0

Impreso en los talleres de Impresora Tauro, S.A. de C.V.
Av. Año de Juárez 343, Col. Granjas San Antonio,
Iztapalapa, C.P. 09070, Ciudad de México
Impreso y hecho en México - *Printed and made in Mexico*

A las mujeres de mi familia
y, sobre todo, a mi querida tía Estela Meyenberg,
la pionera que abrió la brecha

Agradecimientos

La mayoría de los escritores afirma que su trabajo se realiza en solitario. Esto es cierto solo en parte, porque detrás de un libro hay muchas personas que han allanado el camino.

En mi caso, quiero dar las gracias a mis grandes amigos: Pedro Zepeda, por su cuidadosa lectura del texto; y Ricardo Espinoza y Rodolfo Jiménez, por los atinados comentarios que hicieron a alguno de los capítulos. Sus sugerencias resultaron muy valiosas; me permitieron salir de mi soliloquio para ver los hechos con ojos distintos.

A la gentileza de Margarita Vera debo la primera revisión de estilo de este libro.

Mi hermano Alfredo fue el encargado del trabajo farragoso: los resúmenes de mis lecturas, la organización de la información, así como la revisión ortográfica y gramatical del primer borrador.

Erick Arceo me ayudó poniendo orden en el caos de las referencias.

Quiero también agradecer al personal de la biblioteca del Instituto de Investigaciones Sociales de la UNAM; en especial, a Leticia Limón, por su apoyo en la búsqueda de muchos de los libros y revistas que utilicé en esta investigación.

Un agradecimiento más es para Rubén Aguilar. Él sabe por qué.

Mis colegas del Instituto de Artes y Oficios en Comunicación Estratégica, una consultora de comunicación política, me envían a diario una amena síntesis de la conferencia de prensa que hace Jessica

Goma; quiero reconocer el aliviane que ha sido esto para redactar el capítulo que dedico a la Cuarta Transformación.

Parte de este libro lo escribí durante una estancia sabática en el Departamento de Gobierno de la London School of Economics and Political Science, cuyo cobijo aprecio mucho. Y qué decir del constante apoyo del doctor Panizza: mi gratitud para ti, Francisco.

La Universidad Nacional Autónoma de México, a través de la Dirección General del Personal Académico, me otorgó una beca para realizar la estancia. Sin el apoyo de la UNAM en el transcurso de los años, lo que he logrado en mi vida académica hubiera sido imposible.

Introducción

En los aciagos primeros meses de 2018, a medida que los números indicaban que Andrés Manuel López Obrador llegaría a la Presidencia de la República, algunos analistas y académicos, así como una parte de la ciudadanía, comenzamos a afanarnos en la tarea de encontrar una explicación razonable al enorme y creciente poder de convocatoria que, en efecto, le permitiría alcanzar, por fin, el triunfo en las urnas. A diferencia de todos los otros candidatos que se han convertido en presidentes en su primer intento y que han puesto en práctica algunos de los proyectos que incluyeron en su programa de campaña, López Obrador había tenido 14 largos años para ofrecer a sus correligionarios y a sus votantes una narrativa del cambio, a la que coloquialmente hemos dado el nombre de *lopezobradorismo*. En este sentido, no fue solo su discurso de campaña el que lo llevó al poder, sino también los años de relatos que inventó para ajustar su personaje, sus estrategias políticas y su intención persuasiva a las circunstancias del momento.

Este afán me llevó a escribir el libro que está en sus manos. En él he evitado la tentación de solo criticar los dichos y los hechos del presidente e intento, más bien, ubicarlo dentro de una serie de claves que me permitió encontrar las razones de su éxito y de la alta estima en la que le tiene un buen porcentaje de la ciudadanía.

En torno a la figura de López Obrador se ha escrito mucho, desde muy distintas perspectivas, y en muy pocas ocasiones ha habido medias tintas. Parafraseando al propio político: quienes lo han estudiado no han incurrido en indecisiones, «o han estado con él o en su contra». Mi intención es diferente. Me propongo hacer uso de las herramientas de análisis que ofrecen la Ciencia Política y la Historia, así como de los contextos de corta y larga temporalidad, para ofrecer una observación «a la weberiana». En la medida de lo posible, me apegaré a la neutralidad valorativa que aconseja el sociólogo alemán cuando la política es el tema en cuestión.

Aquí sugiero algunas alternativas para entender a este mandatario que se ha adjudicado la misión de emprender un movimiento para regenerar la vida pública del país; al personaje que, a lo largo de su travesía por la política, ha adoptado muchos arquetipos, para finalmente llegar a la Presidencia de la República con el de *redentor*.

Mi intención es hacer uso de lo que he estudiado a lo largo de los años para ofrecer una estrategia de análisis que permita no solo revisar el caso de López Obrador, sino igualmente otros semejantes que han proliferado en muchos escenarios políticos en el mundo. Por ello, quizá quede la impresión de que, en ciertos momentos del texto, la teoría rebasa a la presentación del caso. Cuando imparto seminarios de investigación para apoyar a los alumnos de doctorado a avanzar en sus tesis, suelo decirles que, a veces, «sacan una ametralladora para matar una mosca», porque construyen unos marcos teóricos impresionantes para analizar realidades muy acotadas. En el proceso de redacción del libro, caí en la cuenta de que, en la mayoría de las ocasiones, la aportación intelectual más importante es la ametralladora.

El hilo conductor del capitulado son los marcos de referencia y la manera en que se ensamblan en los procesos de enmarcado, ya que ambos sirven para delimitar, de forma espacial y temporal, el conjunto de procesos interactivos que ayudan a ordenar y estructurar la percepción de las personas sobre el significado de los mensajes.

Este punto de partida permitirá ver cómo se presentan distintos marcos de interpretación en las estrategias de comunicación política y cuáles son las consideraciones que se encuentran detrás de la manera en que las personas entienden la realidad. Con todo, la intención es armar un modelo para explicar cómo se ha desarrollado el proceso de enmarcado del lopezobradorismo y cómo ha incidido en su capacidad persuasiva en el tiempo. Esto con el fin de presentar una explicación más comprensiva sobre su éxito.

Comienzo definiendo los términos de la discusión; presento las fuentes de inspiración de la narrativa de López Obrador, lo que le ha permitido decidir qué queda dentro de su interpretación de la historia de nuestro país, además de quiénes son a su juicio, los personajes que han escrito los capítulos más transcendentes de la misma.

Uno de los marcos que forman parte de esta narrativa es el populismo. Como todo buen populista, López Obrador considera al pueblo el actor protagónico del cambio, por eso tiene un amplio repertorio de frases para referirse a él y, en el sentido contrario, también para señalar a sus enemigos. Todo aquel que no calza con su visión idílica pasa a engrosar las filas de los adversarios del pueblo. No obstante, no solo de populismo vive el hombre.

Aunque el lopezobradorismo tiene un alto componente populista, no es el único rasgo que lo define; está también su lectura de las tres etapas que, a su parecer, cambiaron el rumbo de la historia de México y la manera en que el mandatario entiende su designio como líder de una cuarta gran transformación que se inspira en las gestas de la Independencia, la Reforma y la Revolución, y aspira a sucederlas.

Esta visión sobre su liderazgo contrasta con lo que se ha escrito al respecto. Por ello, consideré importante presentar algunas de estas interpretaciones y acompañarlas de las reflexiones que ofrece el debate politológico, para intentar encontrar los matices que caracterizan al ejercicio de autoridad del líder máximo del país.

Si bien su liderazgo llegó a su cenit el 1.° de julio de 2018, cuando alrededor de treinta millones de mexicanos reconocieron en él y en su partido los atributos para transformar la lógica del poder, así como para instaurar un nuevo régimen, su capacidad de convocatoria y su habilidad para ubicarse a la cabeza de organizaciones o movimientos políticos data de mucho antes. Por ello quise incluir en este recuento algunas notas sobre su biografía y sobre el sello que ha impreso a las estructuras de partido que se le han encomendado, desde sus inicios como líder regional del PRI, en Tabasco, hasta la constitución y presidencia de Morena, del que es artífice, además de líder absoluto e incuestionable.

Me detuve en el análisis de Morena porque considero importante hacer una radiografía de la organización o movimiento que llevó a López Obrador al poder, ya que a través de este ejerce el control sobre la agenda proselitista y sobre la acumulación de capital político, lo cual le ha permitido gobernar, en poco tiempo, dos tercios de los estados de la república. Otra de las claves de su éxito es que Morena se concibió como un movimiento político que se convirtió en un partido solo hasta 2011; esto permitió que se desarrollara una estructura de solidaridades y un sentido de identidad con incentivos distintos a los de los partidos tradicionales, lo que significó un activo que atrajo no solo a adeptos, sino a todo tipo de electores.

Este libro es sobre el proceso de enmarcado que le da sentido a la narrativa lopezobradorista. En él, los marcos tienen que traducirse en mensajes a fin de que ofrezcan una visión específica de los hechos sociales y que esta se acerque lo más posible a las convicciones de las personas a quienes busca persuadir. Hay que decir que el presidente es un personaje disciplinado en sus mensajes y que las claves del relato han estado presentes desde el inicio de su lucha; no obstante, en ciertos momentos del periplo, ha introducido elementos adicionales, con el propósito de aderezar la historia y recapturar la atención de los espectadores. Uno de los más llamativos fue el de la *república amorosa*, con el que muestra el cariz religioso propio de los liderazgos carismáticos; con él la vertiente moralizadora de su discurso se convierte en una parábola que logra el propósito de activar la conversación pública.

Finalizo hablando sobre la narrativa del poder, para identificar su carácter particular. Donde López Obrador se siente más cómodo es confrontando al *statu quo*. Su travesía, de mártir a redentor, siempre ha estado envuelta en una trama conspiracionista repleta de adversarios, a los que, más que derrotar en buena lid, lo hace de forma verbal. Se pudo pensar que, después de un triunfo tan contundente en las urnas, los *rounds* entrarían en una fase más mesurada, aunque no ha sido así. Lo que resulta irónico es que haya encontrado una fórmula para mantener vivo el conflicto a través de un retruécano al que acude siempre: desvanecer la línea divisoria entre pasado y presente para poder seguir señalando a los vencidos como culpables de lo que, aún ahora, él no ha podido resolver.

De 2019 a la fecha, el modelo de comunicación del Gobierno federal ha experimentado un cambio radical, en el que se desafían las estrategias ortodoxas de intercambio de mensajes. El pilar de la comunicación de Palacio Nacional es la conferencia de prensa matutina cuyo vocero es el propio presidente. Esta es el instrumento que se usa para mantener viva la causa; para asignar responsabilidades de lo bueno y de lo malo que sucede en el país; es también la vitrina que nos permite asomarnos a observar su estilo personal de gobernar y su visión de la política. Más que un vehículo de rendición de cuentas, la convocatoria matutina es el mecanismo que usa para ofrecer la versión oficial de la realidad. En esta parte del texto hablo de cómo se desarrolla, doy muestra de lo que ahí se dice o se interpreta; de cómo sirve cual caja de resonancia del relato de larga temporalidad que se ha etiquetado mercadológicamente como la Cuarta Transformación (4T).

Espero haber logrado el objetivo que me condujo a emprender esta tarea: presentar los hechos a través de una serie de puntos de mira que ayude al lector a entender a un personaje complejo; a evaluar su visión de la política, sin la carga emocional que implica estar a su favor o en su contra, y contribuir a ubicarlo en su real dimensión en la historia.

Capítulo 1

Los marcos del lopezobradorismo

Cuando observamos una pintura o una fotografía, la manera en que está enmarcada nos permite acotar nuestro radio de observación y encontrar los detalles finos que hacen que cada uno perciba la imagen de forma diferente. El marco permite, además, intuir la forma en que el pintor o el fotógrafo decidió incluir ciertos aspectos de la escena y qué fue lo que quedó fuera. De la misma manera, la teoría de los marcos de referencia ofrece una estructura analítica, que permite explicar cómo un relato político lleva al público a suscribir una versión de los hechos a través de un proceso deliberado de selección, en el que se resalta una parte de la realidad y se excluye otra. En el relato de Andrés Manuel López Obrador existen múltiples marcos de referencia, que permiten explicar su singularidad y analizar las razones de su éxito.

En este capítulo presento algunos principios básicos sobre los marcos de referencia para después observar cómo se ensamblan los procesos de enmarcado; esto es el punto de partida para diseñar un modelo, el cual iré desarrollando a lo largo del libro, con el fin de explicar la construcción tanto del personaje político Andrés Manuel López Obrador como de su narrativa.

Marcos de referencia *(frames)*

A partir de la década de 1970, un buen número de científicos sociales ha estudiado los *marcos de referencia* (*frames*), que sirven como una herramienta para que individuos y colectivos interpreten lo que sucede en su entorno. Se han interesado también por los *procesos de enmarcado* (*framing process*) que diseñan los distintos actores de la política o la sociedad, a fin de persuadir de que *su* interpretación de la realidad es la que más se acerca a lo que el resto de las personas piensa y cree.

El padre intelectual del concepto de *marco de referencia* es Gregory Bateson, quien lo usó por primera vez en su libro de 1972 *Steps to an Ecology of Mind. Collected Essays in Anthropology, Psychiatry, Evolution, and Epistemology*. Ahí exponía que las certezas no tienen un significado intrínseco, sino que este se adquiere a través de un marco, el cual se constituye por el contexto y por los referentes que se ofrecen. Bateson define los marcos como la delimitación espacial y temporal de un conjunto de procesos interactivos, que funcionan para ordenar y estructurar la percepción del espectador sobre el significado de los mensajes. El marco ofrece *instrucciones* a partir de límites para que el público procese los mensajes ofrecidos, es decir, lo conduce a prestar atención a lo que está dentro de este marco y a omitir lo que está fuera.[1]

Otro de los autores imprescindibles en el estudio de los marcos de referencia es Erving Goffman, que tan solo dos años después de Bateson planteaba su uso desde una perspectiva sociológica. Él plantea que los marcos son esquemas de interpretación que permiten a los individuos localizar, percibir, identificar, etiquetar y definir situaciones dentro de su espacio de vida y del mundo en general.

---

1 *Cfr.* Gregory Bateson, *Steps to an Ecology of Mind. Collected Essays in Anthropology, Psychiatry, Evolution, and Epistemology*, Chicago, University of Chicago Press, 1972; Aquiles Chihu Amparán (coord.), *El «análisis de los marcos» en la sociología de los movimientos sociales*, México, Miguel Ángel Porrúa-UAM I, 2006.

Los marcos son los principios de selección, énfasis y presentación acerca de lo que existe y lo que importa; se derivan de la necesidad de los actores políticos o sociales de dar una explicación a lo que sucede a su alrededor. Sirven, además, para asignar significados a las situaciones que se presentan, para determinar lo que es relevante y para indicar cuáles son las conductas apropiadas.[2]

Además de la construcción de los marcos como principios de selección y de observación de la realidad social y de la participación subjetiva, Goffman sugiere otros dos puntos de observación del enmarcado a los que me referiré más adelante: el proceso mismo y el análisis de los marcos.

Los marcos son una criba de la realidad: son la selección de las ideas y creencias compartidas por un grupo de personas, con su propia jerarquía; tal selección implica, además, un criterio de inclusión y exclusión. Robert Entman lo ve de esta manera:

> El carácter, las causas y las consecuencias de cualquier fenómeno se vuelven radicalmente diferentes a medida que se realizan cambios en lo que se muestra prominentemente, en lo que se reprime y, especialmente, en la forma en la que se clasifican las observaciones [...] El mundo social es [...] un caleidoscopio de realidades potenciales, cualquiera de las cuales puede evocarse al alterar las formas en que se enmarcan y categorizan las observaciones.[3]

Seleccionar qué se incluye y qué se excluye en un marco implica aplicar un sesgo valorativo intencional. Los marcos condicionan la forma de entender y las opiniones individuales o colectivas respecto

---

2 Erving Goffman, *Frame Analysis. Los marcos de la experiencia*, Madrid, Centro de Investigaciones Sociológicas-Siglo XXI, 2006; Todd Gitlin, *The whole world is watching: news media in the Making and Unmaking of the New Left*, Berkeley, University of California Press, 1980; Rens Vliegenthart y Liesbet Van Zoonen, «Power to the frame: Bringing sociology back to frame analysis», *European Journal of Communication*, *26*(2), 2011, pp. 101-115.

3 Robert M. Entman, «Framing: Towards clarification of a fractured paradigm», *Journal of Communication*, *43*(4), 1993, p. 54.

de distintos aspectos de la vida. Permiten resaltar elementos específicos de una controversia más amplia y manejar un tema complejo a partir de uno o dos de sus aspectos centrales que se quieran destacar.[4]

A través de los marcos se promueve una definición particular del problema y se identifica, además, quién o quiénes lo están generando; se ofrece un diagnóstico de sus causas y una interpretación moral de la situación; por último, se sugieren y justifican formas de resolverlo, y se predicen los efectos que resultarán de su aplicación.[5]

En el ámbito politológico, los marcos son contradictorios y ofrecen un punto de observación de todos los elementos que intervienen en los conflictos de poder: las visiones opuestas de los actores o grupos que participan en las interacciones, los recursos persuasivos con los que estos cuentan y su capacidad de incidencia en el diseño y diseminación de la versión ganadora de la política. Los marcos son parte de la contienda por el significado hegemónico entre diferentes actores que cuentan con recursos materiales y simbólicos desiguales.[6] En este combate, los esquemas asumidos, los guiones propuestos para definir una versión de los hechos y los estereotipos se conectan con las ideas almacenadas en la mente de individuos y colectivos; les sirven de guía para procesar la información. Así, los marcos determinan la forma en que la mayoría de las personas se percata, entiende y recuerda un problema, así como la manera en que lo evalúa y elige actuar en relación con él.[7]

---

4 Thomas Nelson, Rosalee Clawson y Zoe Oxley, «Media Framing of a Civil Liberties Conflict and Its Effect on Tolerance», *The American Political Science Review, 91*(3), 1997, pp. 567-583; Lene Aarøe, «Investigating Frame Strength: The Case of Episodic and Thematic Frames», *Political Communication, 28,* 2011, pp. 207-226.

5 William Gamson y Andrea Modigliani, «Media Discourse and Public Opinion on Nuclear Power: A Constructionist Approach», *American Journal of Sociology, 95*(1), 1989, p. 137; R. M. Entman, «Framing: Towards…»; T. Nelson, R. Clawson y Z. Oxley, «Media Framing…»; L. Aarøe, «Investigating Frame…».

6 R. Vliegenthart y L. van Zoonen, «Power to the frame...».

7 R. M. Entman, «Framing: Towards…», p. 53.

El proceso de enmarcado *(framing process)*

Recuperando el planteamiento de Goffman, los marcos son el punto de referencia del proceso de enmarcado, en el cual se asigna significado a las situaciones para luego interpretarlas. Este proceso permite visualizar los significados que los actores políticos o sociales asignan a sus vivencias y al contexto en el que suceden, con el fin de que estos les produzcan alguna utilidad. Para ello, los marcos se traducen en mensajes que ofrecen una visión específica de los hechos sociales, procurando que esta se acerque lo más posible a las convicciones del público al que se busca persuadir.

Aquiles Chihu propone desdoblar el proceso de enmarcado en tres *dimensiones* que permitan una observación más precisa de su impacto en la definición de visiones compartidas de la realidad.

La primera es la *construcción de significado a través del lenguaje o de artificios simbólicos*, con la finalidad de convencer al público de apoyar una versión específica de los hechos. El marco es un sistema de referencia que determina la manera en que alguien interpreta la información del entorno: datos, cosas, eventos, acciones. El enmarcado, por su parte, es la puesta en escena de esas interpretaciones.

La segunda dimensión, a la que ya me referí, es la *selección de los fragmentos de la realidad*; tanto los que incluirán como los que se excluirán del marco de interpretación, así como la manera en que esto va a condicionar la definición de los mensajes.

En el proceso de interpretación está la tercera dimensión propuesta, que es la que permite *dar sentido a la realidad*, al hilvanar las coincidencias del mensaje con los sistemas de creencias, valores y actitudes de los públicos. Los marcos están hechos para ofrecer categorías coherentes y comprensibles, que permitan confirmar a cada persona su visión de las cosas y eliminar aquello que resulte contradictorio con su forma de pensar.

En el campo de la política, el proceso de enmarcado sirve para construir un discurso convincente, en el que se definen los problemas que hay que combatir, las causas que los originaron, así como las soluciones y estrategias adecuadas para enfrentarlos. En este proceso se busca también desacreditar los discursos de los contrincantes, de las entidades políticas y de otras instituciones que participan en la producción simbólica del poder y de la autoridad. Con esto se pretende presentar un contraenmarcado que consiga debilitar la legitimidad del significado que los oponentes atribuyen a sus diagnósticos y estrategias de solución.[8]

Los marcos en los que se inspira el lopezobradorismo

La construcción de la narrativa lopezobradorista se articula a partir de la fusión de distintos marcos: el de las grandes gestas de la historia de México; el populista y, en estrecho vínculo con el anterior, el del cardenismo. Todos ellos proponen el relato de un tiempo pasado en el que los cauces de la política y de las grandes luchas de México tenían como misión la emancipación, el papel protagónico y el empoderamiento del pueblo.

Tres períodos emblemáticos de la historia de México

López Obrador es un estudioso de los grandes episodios de la historia política del país; con frecuencia se refiere a tres de ellos, de manera más detenida: la lucha por la Independencia, la guerra de Reforma y la Revolución. A partir de ellos construye un relato en el que la brega por eliminar las jerarquías sociales, la discriminación, los privilegios y los abusos son el telón de fondo.

---

8 Aquiles Chihu Amparán, «El *framing* de la imagen política (Campaña electoral México 2015)». Ponencia en Laboratorio de Comunicación Política, División de Ciencias Sociales y Humanidades, UAM-I, 2015, dcsh.izt.uam.mx/labs/comunicacionpolitica/Publicaciones/TeoriaFraming/Chihu2015.pdf.

Aquí haré referencia a cada uno de esos episodios y estableceré las conexiones que existen entre ellos, según el relato lopezobradorista.

López Obrador aprecia la guerra de Independencia a partir del heroísmo de quienes la encabezaron, en especial de Miguel Hidalgo y de José María Morelos. En la conmemoración de esta gesta en 2021, en uno de sus discursos, sobre el primero, afirma que es el personaje que más importa a los mexicanos, porque «era defensor del pueblo raso [...] a él le tocó, con Allende, Aldama, Jiménez y otros dirigentes populares, enfrentar a la oligarquía dominante y proclamar la abolición de la esclavitud. El pensamiento de Hidalgo era subversivo, nada en su personalidad lo distanciaba de ser un revolucionario y no se andaba por las ramas».[9]

Cita ahí una carta del cura:

> No hay remedio, señor intendente; el movimiento actual es grande y mucho más cuando se trata de recobrar derechos santos, concedidos por Dios a los mexicanos, usurpados por unos conquistadores crueles, bastardos e injustos, que auxiliados de la ignorancia de los naturales y acumulando pretextos santos y venerables, pasaron a usurparles sus costumbres y propiedad, y vilmente, de hombres libres, convertirlos a la degradante condición de esclavos.[10]

Sobre el destino final de Hidalgo, considera que «sus adversarios nunca le perdonaron la osadía de querer igualar a los pobres con las clases más favorecidas. Basta recordar el juicio en que lo excomulgan y la manera en que lo asesinan: le cortan la cabeza y la exhiben, como escarmiento, por más de diez años en la plaza principal de Guanajuato».[11]

---

9 Andrés Manuel López Obrador, «Desfile cívico militar: 211 años del Grito de Independencia», 16 de septiembre de 2021, youtube.com/live/gAaA4UH9bJ8?feature=share&t=3097.

10 *Idem.*

11 *Idem.*

En cuanto a Morelos, su admiración proviene tanto de su capacidad de servicio a la nación como de su disposición a reflexionar sobre la situación que lo rodeaba y a ofrecer un alivio a la precaria situación de los pobres. López Obrador hace suyas algunas de las recomendaciones que el insurgente expuso en *Sentimientos de la Nación*; por ejemplo, que se modere la indigencia y la opulencia; que se eleve el salario de los menos favorecidos; que se promueva una la educación pública de calidad para que, quienes no tengan recursos, puedan tener acceso al mismo conocimiento que se ofrece a las clases privilegiadas; que se termine con la impunidad y que se castigue a los culpables, sin importar su condición social.[12]

Su discurso, en el aniversario del natalicio de Morelos, termina con esta cita: «no hay otra nobleza que la virtud, el saber, el patriotismo y la caridad; que todos somos iguales, pues del mismo origen procedemos, que no haya privilegios ni abolengos».[13]

A pesar de la admiración que profesa por los líderes de la Independencia, su diagnóstico general no es tan positivo:

> La guerra de Independencia iniciada como la lucha del pueblo contra la oligarquía de la Nueva España, apenas logró derogar el sistema tributario y solo de manera formal quedó abolida la esclavitud. En la práctica prevalecían las condiciones de opresión y explotación propias del régimen colonial: las clases mayoritarias, formadas por indígenas y peones, eran consideradas inferiores por naturaleza y no aptas para la libertad y su participación en la vida pública se limitaba a servir como «carne de cañón» en las luchas donde las minorías se disputaban el poder.[14]

---

12 Andrés Manuel López Obrador, «256 Aniversario del Natalicio de José María Morelos y Pavón, desde Jojutla, Morelos», 30 de septiembre de 2021, youtube.com/live/hB-DiXuhs3I?feature=share&t=1665.

13 *Idem.*

14 Andrés Manuel López Obrador, *Proceso de formación del Estado Nacional en México (1824-1867)*, tesis de licenciatura, México, UNAM, 1987, p. 178.

Del contexto de la guerra de Reforma, López Obrador recogió algunos ejemplos que le servirán a lo largo de su travesía política: en su tesis de licenciatura, sobre el proceso de formación del Estado nacional en México de 1824 a 1867, narra cómo, después de obtener su libertad, Benito Juárez se marchó a Guanajuato a establecer su Gobierno y a organizar la resistencia liberal para enfrentar a los conservadores. También registra cómo constituye un gabinete de hombres con «probadas convicciones reformistas», para iniciar una lucha de los estados contra el poder central.[15] Esto es importante porque, en su momento, López Obrador intenta algo similar: formar un gobierno paralelo al oficial, al que denominó *Gobierno legítimo* y nombrar un gabinete para ratificarlo.

También de Juárez, adoptó la decisión de no negociar con los conservadores. Narra cómo el Benemérito rechazó la propuesta hecha por Echegaray a los «partidos beligerantes», de secundar el Plan de Ayotla, ofreciéndoles que con ello se olvidaría de todo lo pasado.[16] A su vez, López Obrador decidió no negociar con el Gobierno; lo manifestó en su discurso pronunciado en el Zócalo, el 20 de noviembre de 2006, después de perder la elección presidencial de ese año.

Inspirado en el peregrinar de Juárez como mártir de la república, López Obrador también emprende su propia travesía como mártir de la democracia. Así describe la situación del siglo XIX:

> En este peregrinar Juárez enfrentó todo tipo de dificultades: permanente insistencia de los líderes liberales de derrocarlo; falta de cooperación de caudillos locales; deserción de hombres notables que consideraban la situación sin remedio y, sobre todo, la constante ambición de González Ortega de asumir la presidencia [...] Pero a pesar

15 *Ibidem*, p. 143.
16 *Ibidem*, p. 144.

> de todo Juárez nunca perdió, como afirmaría Justo Sierra, «su serenidad estoica» y «la incontestable firmeza de su fe».[17]

Sobre el triunfo de la república, expresa un escepticismo semejante al que tiene sobre el resultado de la guerra de Independencia:

> Es necesario aclarar que la formación del Estado nacional en México no produjo cambios en favor de la población mayoritaria del país [...] Por eso los cambios en las condiciones sociales vendrían hasta mucho después, y no precisamente por concesiones espontáneas de las clases dominantes, sino por las luchas de indígenas y campesinos, con sus programas, con sus dirigentes y con su perspectiva histórica propia en el movimiento reivindicativo de 1910.[18]

Así, López Obrador adjudica a la Revolución el potencial de transformación social del país y ve en Francisco I. Madero al líder que vislumbró la posibilidad del cambio verdadero. En sus palabras, él fue un hombre a la medida de su circunstancia, un ser providencial y el dirigente que necesitaba el pueblo para conducir su lucha: «Al posicionarse como líder indiscutible del movimiento, Madero garantizó que en la primera etapa del proceso revolucionario no hubiera traiciones que frustraran el propósito central de derrocar al régimen. [...] Madero jamás titubeó ni dio muestras de flaqueza».[19]

En lo que considera la tercera gran transformación en la historia política del país, él encuentra en Madero al adalid de la democracia:

> El mayor aporte de Madero se dio en el terreno de la democracia. En este aspecto no hay precedente en nuestra historia. Nadie como él ha

17 *Ibidem*, pp. 166-167.

18 *Ibidem*, p. 180.

19 Andrés Manuel López Obrador, «CVII Aniversario Luctuoso de Francisco I. Madero y José María Pino Suárez», desde Palacio Nacional, 23 de febrero de 2020, youtube.com/live/ZWqVlS91ds0?feature=share&t=752.

> creído con tanta devoción en la democracia y se ha preocupado por hacer realidad ese ideal. Era la más profunda de sus convicciones. Creía con toda sinceridad que, al establecerse una república democrática, México podría resolver sus grandes y graves problemas, y avanzar con libertad y justicia hacia la prosperidad.[20]

Su adhesión explícita al marco maderista se muestra en esta parte de su discurso: «el Gobierno actual ha retomado los ideales democráticos de Madero, con el agregado de poner el mismo énfasis en el bienestar del pueblo, no solo por convicción o humanismo, sino, también, para afianzar los cambios con el respaldo de la gente, evitar retrocesos y resistir ante cualquier reacción conservadora».[21]

Si bien López Obrador se inspira en el político coahuilense, también ofrece su propia reflexión de la historia, así como su estrategia, para no cometer los errores que llevaron al fracaso de aquel:

> El desamparo de Madero está íntimamente relacionado con su concepción de que la libertad era más importante que la justicia. No se puede juzgar a nadie a la ligera, menos a un hombre tan sincero como él, que actuó en circunstancias muy complejas; pero el no equilibrar libertad y justicia y el no haber priorizado la demanda social lo alejaron del pueblo que se encogió de hombros y desatendió el deber de apoyar a su presidente.
>
> En nuestro caso, si no estuviéramos respaldados por la mayoría de los mexicanos y en especial por los pobres, ya nos habrían derrotado los conservadores o habríamos tenido que rectificar y someternos a sus caprichos e intereses para convertirnos en simples adornos, floreros, títeres o peleles de los que se habían acostumbrado a robar y detentar el poder económico y político en México.[22]

---

20 *Idem.*

21 *Idem.*

22 Andrés Manuel López Obrador, *A la mitad del camino*, México, Planeta, 2021, p. 199.

Populismo

El marco populista es el que domina la construcción del personaje y la narrativa lopezobradorista. A fin de entender cómo ha ido adquiriendo su fisonomía específica, expondré algunas reflexiones sobre el populismo, entretejiendo en ellas unos ejemplos del relato de este líder político.

Cuando se habla de populismo no existe una convención única, ya que este concepto puede hacer referencia a una ideología o a una lógica de estructuración de la realidad; se asume también como un discurso, como una forma de liderazgo o como una estrategia de acción política.[23] Todas estas formas de observar al populismo parten de una interpretación de la realidad política: la existencia de una relación vertical entre el líder y las masas; una visión idealizada del pueblo, depositario de virtudes y víctima de los poderosos; y una profunda aversión a las instituciones centrales de la democracia.[24] A esto hay que sumar un elemento más: el de la nostalgia por un pasado glorioso, en el que el país fue capaz de increíbles proezas, y la idea de que es preciso rescatarlo.

En sus inicios, se ubicó al populismo en un estadio particular de desarrollo social y económico, derivado de los cambios provenientes de los procesos de modernización. Se destacó por convocar a movilizaciones sociales, cuestionando a las autoridades políticas que ejercían el poder; desplazó al concepto de *clase* como eje principal de las reivindicaciones políticas y sociales para ubicarlo en el pueblo.

---

23 Benjamin Moffitt y Simon Tormey, «Rethinking populism: politics, mediatisation and political style», *Political Studies, 62*(2), 2014, pp. 381-397; Francisco Panizza, *El populismo como espejo de la democracia*, Buenos Aires, Fondo de Cultura Económica, 2009.

24 Soledad Loaeza, «La presencia populista en México», en Guy Hermet, Soledad Loaeza y Jean Francois Prud'homme (coords.), *Del populismo de los antiguos al populismo de los modernos*, pp. 365-392, México, El Colegio de México, 2001, p. 365.

Ernesto Laclau piensa en el populismo como una lógica que estructura la vida política, en donde triunfan los argumentos en pro de la equivalencia sobre los que defienden la diferencia.[25] Dentro de esta lógica, el pueblo se convierte en el motor de cualquier proyecto político renovado y efectivo, y de hecho, en el protagonista de la acción política.

Al respecto, Rogers Brubaker, Robert Jansen y Kurt Weyland explican que es imposible entender el populismo sin la presencia de una personalidad destacada dentro de las movilizaciones, que ejerza el liderazgo de la transformación e incorpore a nuevos sectores populares en la arena política, mediante cambios sustantivos en las políticas de distribución de la riqueza y del bienestar social.[26]

El líder populista personifica el poder que se justifica por su capacidad de rescatar al pueblo de su condición de víctima. Es visto como un personaje capaz de reconducir al país en la dirección correcta; la confianza ciega que se deposita en él le permite no reconocer más límite a su autoridad que su propia interpretación de la soberanía popular.[27]

El contexto que puede ser terreno fértil para el discurso y el liderazgo populistas —siguiendo de nuevo a Brubaker— es el de una *situación de excepción*; esto surge como reacción a circunstancias que no son propias de la realidad habitual de una sociedad. Otra de sus características es que, por lo general, son vistos como desviaciones de los códigos institucionales vigentes, en la mayoría de los casos, en desafío o desconocimiento de la ley.

---

25 Ernesto Laclau, *Politics and Ideology in Marxist Theory: Capitalism, Fascism, Populism*, Londres, Verso, 1979.

26 Rogers Brubaker, «Populism and Nationalism», *Nations and Nationalism*, *26*(1), 2020, pp. 44-66; Robert Jansen, «Populist Mobilization: A New Theoretical Approach to Populism», *Sociological Theory*, *29*(2), 2011, pp. 75-96; Kurt Weyland, «Clarifying a Contested Concept: Populism in the Study of Latin American Politics», *Comparative Politics*, *34*(1), 2001, pp. 1-22.

27 S. Loaeza, «La presencia populista...», p. 369.

En el caso del triunfo de López Obrador, la *situación de excepción* que perfilaba en su mensaje era la de un estado incontrolable, en el que la corrupción había anulado toda posibilidad de consolidación de la democracia: «Fui de los primeros en sostener que el principal problema de México era la corrupción, y ahora no tengo la menor duda: la peste de la corrupción originó la crisis de México. Por eso me he propuesto erradicarla por completo y estoy convencido de que, en estos tiempos más que en otros, transformar es moralizar».[28]

El marco populista se construye sobre la disyuntiva bien-mal, en la que se señala a los actores que han actuado mal y en la que el líder, junto con el pueblo, se erigen como las figuras capaces de combatirles y de conducir al país por la senda del bien.

Además de adjetivar a ciertos movimientos sociales, el populismo se asocia también con un discurso y un estilo peculiar de hacer política, en los que se pueden observar los compromisos ideológicos, las metas programáticas, y las formas de organización que se articulan bajo la retórica de la defensa de los intereses y de los derechos del pueblo.

En el discurso populista aparece una situación de desventaja, que resulta del trato discriminatorio por parte de un segmento privilegiado de la población hacia otros grupos a los que han marginado debido a su condición étnica, racial, cultural o social. A partir de este conflicto, el pueblo emprende su propia cruzada en contra del enemigo —o de un conjunto de enemigos— que se ha aprovechado de una coyuntura específica para someterle. El éxito del discurso populista dependerá de la capacidad política y narrativa del líder, para fungir como ideólogo de la causa y darle organicidad como proyecto de futuro.

---

28 Presidencia de la República, «Discurso del presidente Andrés Manuel López Obrador, Segundo Informe de Gobierno 2019-2020», 2 de septiembre de 2020, gob.mx/presidencia/prensa/discurso-del-presidente-andres-manuel-lopez-obrador-en-su-segundo-informe-de-gobierno-2020?idiom=es.

López Obrador se inspira también en las ideas de José María Luis Mora, quien entiende la historia del siglo XIX como la lucha entre dos grandes fuerzas: la del progreso y la del retroceso. La primera es la que se planteaba como objetivo la abolición de los privilegios de que gozaban en ese entonces el clero, la milicia y los terratenientes; la segunda pretendía mantener las prebendas y abolir los escasos avances, en favor de una distribución económica y social más equitativa.[29] En una conferencia de prensa, en Veracruz, en 2020, López Obrador recupera esta visión: «Qué bueno que se definan, nada de medias tintas, que cada quien se ubique en el lugar que corresponde, no es tiempo de simulaciones, o somos conservadores o somos liberales, no hay medias tintas [...] no hay para dónde hacerse, o se está por la transformación o se está en contra de la transformación del país, se está por la honestidad y por limpiar a México de corrupción o se apuesta a que se mantengan los privilegios de unos cuantos».[30]

La invocación al pueblo sucede tanto en un plano vertical como en uno horizontal. En el primer caso, se refiere a su confrontación con los que están en la parte superior de la estructura política, económica y social: con la élite —que además se muestra ajena a las demandas, los deseos y los sueños de la mayoría sometida, el pueblo—. Esta élite representa una amenaza permanente, porque, al perseguir sus intereses egoístas, actúa en contra del bien común, de lo que es justo y de lo moralmente correcto.

En el segundo caso se refiere al potencial de la mayoría, en contraste con los privilegios de la minoría. Como lo explican Brubaker y Panizza, el pueblo se constituye como una comunidad con fuertes nexos culturales y morales, con compartidos hábitos y for-

29 A. M. López Obrador, *Proceso de formación...*

30 Andrés Manuel López Obrador, en Presidencia de la República, «Supervisión de la Rehabilitación del Sistema Nacional de Refinación: Refinería "General Lázaro Cárdenas"», 6 de junio de 2020, youtube.com/live/7jA6R9gUOag?feature=share&t=2467.

mas de ver el mundo, que se enfrenta a aquella minoría persistente en su afán de mantenerlo marginado.[31]

En el terreno de lo persuasivo, el marco en torno al cual gira el discurso —las palabras del líder en las que se habla de la misión del movimiento o del partido— debe coincidir con las aspiraciones y las expectativas de reivindicación de los adeptos. En un encuadre populista —expone Brubaker—, los líderes deben verse como parte del pueblo para que puedan hablar en su nombre de manera legítima.

Un último elemento es el llamado a la acción, lo que Laclau define como la transformación del potencial antagonista de la democracia en la «espontaneidad concreta de la masa».[32] Aquí los líderes populistas traducen los fines del movimiento o partido en frases de proselitistas como: «el despertar del pueblo»; «no puede haber Gobierno rico con pueblo pobre»; «el pueblo bueno y sabio»; «solo el pueblo unido y organizado puede salvar a la nación». Y, cuando llegan al poder, su discurso se adapta en consecuencia: «no le vamos a fallar al pueblo»; «cuando cambia la mentalidad de un pueblo, cambia todo»; «que el pueblo siempre tenga las riendas del poder en sus manos. El pueblo pone y el pueblo quita y es el único soberano al que debo sumisión y obediencia».

López Obrador ha usado con frecuencia frases como estas en distintas alocuciones y ha propuesto estas reflexiones en sus discursos: «La herencia de civilizaciones nos ha forjado como un pueblo tenaz, combativo, luchón, emprendedor, honesto, con una excepcional idiosincrasia de fraternidad, de amor al prójimo, de verdadera solidaridad».[33] «Nuestro país [tiene] un pueblo bueno, noble, traba-

31 R. Brubaker, «Populism…»; F. Panizza, *El populismo*…

32 E. Laclau, *Politics and Ideology*…, p. 171.

33 «Discurso de AMLO tras la Toma de Protesta (Discurso Completo)», *Regeneración*, 1 de diciembre de 2018, regeneracion.mx/discurso-de-amlo-tras-la-toma-de-protesta-discurso-completo/.

jador. Poseedor de una herencia cultural milenaria, de donde dimana la vocación del pueblo por el trabajo, por la creatividad».[34]

La evolución de un movimiento populista en un proyecto de poder suele suceder de dos maneras: que el líder asuma el control por las vías institucionales, como pueden ser el voto democrático y la sucesión hereditaria, o cuestionando el *statu quo* de forma violenta o pacífica. La mayoría de los liderazgos populistas del siglo XXI han asumido el control político a partir del triunfo de su partido en las urnas, pero, pese a esto, el ejercicio de la autoridad no ha sido democrático en el sentido pluralista del concepto. Esto obedece a la necesidad del líder de articular su discurso en torno al agravio del que ha sido víctima el pueblo y al señalamiento de minorías abusivas a las que hay que eliminar, a través de una transformación social que cambie la correlación de fuerzas en favor del pueblo. Este se presenta como el sujeto privilegiado de la historia y como miembro de una comunidad a la que le toca la misión de regenerar la sociedad.

En un capítulo posterior me referiré a cómo López Obrador ha hecho llamados a desconocer instituciones —que, a su juicio, han operado en beneficio solo de algunos grupos privilegiados del país— y a instaurar una nueva institucionalidad ceñida únicamente por la voluntad del pueblo.

Yves Mény e Yves Surel asignan tres significados al concepto de *pueblo*, en el discurso populista: el primero es el de la gente común, el ciudadano de a pie, el sujeto de la historia que merece el reconocimiento y el respeto sociales, además de la asignación de los recursos materiales a su favor; el segundo se refiere al pueblo en el sentido democrático del término, al depositario de la soberanía;

---

34 Secretaría de Relaciones Exteriores, «Mensaje del presidente de México, Andrés Manuel López Obrador, con Motivo del Debate General del 75 período de sesiones de la Asamblea General de la ONU», 22 de septiembre de 2020, mision.sre.gob.mx/onu/index.php/avisos/957-mensaje-del-presidente-de-mexico-andresmanuel-López-obrador-con-motivo-del-debate-general-del-75-periodo-de-sesiones-dela-asamblea-general-de-la-onu.

por último está el pueblo como comunidad moral, cultural y política, que se constituye como tal para defenderse de las amenazas que lo acechan.[35]

La estrategia persuasiva del populismo, construida a partir de la existencia de un enemigo a vencer, favorece una visión de la sociedad dividida en dos grandes polos, en la que se da por sentado que quien posee la versión del bien es el pueblo. Aquí regreso a lo que expuse al principio de este capítulo: el liderazgo populista tiene algo de religioso, porque se basa en la fe que tienen el líder y los seguidores en el potencial de ambos para trasformar el estado de cosas, ya que se consideran a sí mismos como parte de un ente superior llamado *pueblo*, el cual está destinado a redimir a la sociedad.

Así, aunque el líder populista haya adquirido el poder a través del voto, su legitimidad no radicará en el cumplimiento de los preceptos propios de la democracia; tampoco en su capacidad para articular un gobierno que responda a las demandas de los diversos grupos de la sociedad. Su legitimidad reside en interpelar a quienes comparten la creencia de que actuar en nombre del pueblo justifica cualquier decisión, por arbitraria que sea. Aquí es donde tienen lugar el discurso propio del liderazgo ético y el cálculo político del liderazgo pragmático; basta recordar los numerosos ejemplos de la historia política de los países con líderes populistas, quienes, una vez en el poder, modifican los marcos constitucionales del Estado a fin de permanecer en el poder y ejercerlo de forma autoritaria.

Ya como presidente, López Obrador ha expresado la idea de que él ya no se pertenece, sino que le pertenece al pueblo. En concreto, en el discurso que pronunció en el Zócalo, el 1.° de diciembre de 2018, dijo: «No me dejen solo, porque sin ustedes no valgo nada o casi nada [...] Yo ya no me pertenezco, yo soy de ustedes».

35 Yves Mény e Yves Surel, *Democracies and Populist Challenge*, Londres, Palgrave Macmillan, 2002.

Cierro esta parte del capítulo con la idea de Benjamin Moffitt y Simón Tormey, de ver el populismo como un estilo político, en el que se encuentran repertorios de actuación que se usan para crear relaciones políticas.[36] En este caso, el propósito es observar cómo las actuaciones de los personajes involucrados en una dinámica específica de comunicación, además de los elementos visuales o estéticos que la acompañan, pueden influir en las relaciones políticas y afectivas entre el líder populista y el pueblo.

El cardenismo

El populismo, considerado como un estilo político, permite establecer las diferencias en el discurso y en los repertorios de actuación entre distintos líderes, y entender la especificidad de casos como el del cardenismo y el del lopezobradorismo.

Otro de los marcos en los que se inspira el relato de López Obrador es el del cardenismo, que es la manera en que se conoce al ideario del movimiento político y al proyecto de gobierno que encabezó Lázaro Cárdenas (presidente de México, de 1934 a 1940). Este buscaba que los reclamos de la Revolución triunfante se convirtieran en políticas e instituciones públicas que permitieran reivindicar los derechos y los intereses del pueblo. Cárdenas pensaba que: «En México son las instituciones revolucionarias y el cumplimiento de su programa social donde radica esencialmente la fuerza integral del propio gobierno».[37]

El marco lopezobradorista tiene coincidencias muy específicas con el marco cardenista. Lázaro Cárdenas diseñó un partido a la medida de su proyecto, el Partido de la Revolución Mexicana (PRM) y se convirtió en su *jefe máximo*. En él, la lógica de poder patrimonial permitía el control de los trabajadores —los incorporaba a

36 B. Moffitt y S. Tormey, «Rethinking populism…», p. 387.

37 Lázaro Cárdenas, *Obras. I-Apuntes 1913-1940*. Tomo I, México, UNAM (Nueva Biblioteca Mexicana), 1986, p. 366.

sindicatos oficiales que pertenecían a su central obrera—, así como de los campesinos —a quienes afiliaba a la confederación nacional del partido—. Cárdenas justificaba esta forma de organización por el propósito de su Gobierno de liberarlos de la explotación a la que estaban sujetos y educarlos para alcanzar un mejor destino. López Obrador hizo lo mismo con el Movimiento de Regeneración Nacional (Morena), hoy, partido político del cual es el líder absoluto y que es el instrumento a través del cual desarrolla su política asistencialista. A esto me referiré con detenimiento en otro capítulo.

En sus apuntes de 1944, Cárdenas se muestra satisfecho por lo alcanzado en el terreno de la reivindicación de los derechos de las clases menos favorecidas:

> Hoy que la clase trabajadora se libera espiritualmente y que recurre a su propia fuerza organizada para exigir mejores y más justas prestaciones por su esfuerzo en el campo y en la fábrica, y hoy que la Revolución ha hecho mella en las viejas tendencias, quieren los capitalistas y sus asociados de ayer y de hoy refugiarse en la iglesia católica que lucha por reunir de nuevo el «rebaño para que todos trabajen dentro del orden cristiano».
>
> Es decir, una regresión, perdiéndose las conquistas alcanzadas por el pueblo tras grandes sacrificios y que debe defender para que pueda alcanzar la realización de los principios sociales en que no haya explotadores y explotados.[38]

En sus apuntes de 1946 agregaba esta reflexión: «en México no debiera haber ni magnates ni mendigos. Una justa distribución de la riqueza pública daría bienestar a todos los hogares y traería paz al espíritu del pueblo mexicano, cuyo temperamento no es para ver pacientemente su miseria frente a la opulencia».[39]

---

38 Lázaro Cárdenas, *Obras. I-Apuntes 1941-1956*, tomo II, México, UNAM (Nueva Biblioteca Mexicana), 1986, p. 128.

39 *Ibidem*, p. 222.

Cárdenas y López Obrador coinciden también en la elección del enemigo a vencer. En 1935, el primero expresaba:

> Los conservadores de México, enemigos del programa social de la Revolución, quisieran en la política del gobierno la democracia que se practica en los estados capitalistas; es decir, la libertad para sus intereses e imposición de su criterio; quisieran que se relegara los trabajadores a una situación individualista, porque saben que la organización acabará con sus privilegios. Por eso le temen y la combaten; pero si los trabajadores usan inteligentemente su propia fuerza lograrán pronto una mejor distribución de la riqueza pública y privada.[40]

López Obrador incluye esta evaluación en uno de sus libros: «Ocupados en el pillaje, a los integrantes de la oligarquía y a sus técnicos y políticos lo que menos les ha importado es el destino de México. Con la coartada de que la mano invisible del mercado conduciría la economía, dejaron de promover el bienestar del pueblo y el progreso del país».[41] Y en uno de sus discursos afirma: «La Cuarta Transformación implica, como está en práctica y es sabido, abolir el régimen de privilegios que prevalecía, un régimen de desigualdad, pobreza y violencia fundado en la falta de honestidad en el servicio público y en el predominio de la corrupción, tanto en el servicio público como en el sector privado».[42]

En el terreno de la simbología nacionalista están las creaciones, en 1936, del Departamento de Asuntos Indígenas y, en 1939, del Instituto Nacional de Antropología e Historia. Estas iniciativas cardenistas se basaron en la idea de que la mejor manera para que los pueblos originarios resolvieran su histórica exclusión y po-

---

40 L. Cárdenas, *Obras. I-Apuntes 1941-1956…*, p. 334.

41 Andrés Manuel López Obrador, *La mafia que se adueñó de México… y el 2012*, México, Grijalbo, 2012, p. 63.

42 A. M. López Obrador, «256 Aniversario del Natalicio…».

breza era, primero, con su asimilación a la cultura dominante y, después, con su integración, a partir del reconocimiento de las diferencias culturales y regionales.

En su sexto informe de Gobierno, en septiembre de 1940, Cárdenas menciona que la incorporación de las comunidades indígenas a su proyecto de nación se daría con:

> el desarrollo pleno de todas las potencias y facultades naturales de la raza, el mejoramiento de sus condiciones de vida, agregando a sus recursos de subsistencia y de trabajo, todos los implementos de la técnica, de la ciencia y del arte, pero siempre sobre la base de la personalidad racial y el respeto de su conciencia y de su entidad racial. [...]
>
> Nuestro problema indígena no está en conservar indio al indio, ni en indigenizar a México, sino en mexicanizar al indio. Respetando su sangre, captando su emoción, su cariño a la tierra y su inquebrantable tenacidad, se habrá enraizado más el sentimiento nacional y enriquecido con virtudes morales que fortalecerán el espíritu patrio, afirmando la personalidad de México.[43]

La visión de López Obrador con respecto a las comunidades indígenas es asistencialista. En diciembre de 2018, anunció la creación del Instituto Nacional de Pueblos Indígenas y dos de sus proyectos emblemáticos: el Tren Maya y el Corredor Transístmico, los cuales tienen como propósito fomentar el desarrollo y la captación de recursos en zonas donde se encuentran importantes culturas indígenas. En su primer informe de Gobierno, el 1.° de septiembre de 2019, destacaba que los programas de bienestar ya estaban llegando a cinco de cada diez hogares del país, y que en comunidades indígenas eran nueve de cada diez los que ya contaban con alguno

43 Ana Luz Ramírez Zavala, «Acciones y alcances del Departamento de Asuntos Indígenas en Sonora, 1936-1946», *Corpus*, *10*(2), 2020, doi.org/10.4000/corpusarchivos.4197.

de ellos; afirmó que antes de que terminara ese año, la cobertura alcanzaría el 100%.

Otra de las expresiones del nacionalismo cardenista fue la expropiación del petróleo a las compañías extranjeras, en marzo de 1938; asimismo, meses después, la creación de la Distribuidora de Petróleos Mexicanos que se encargaría de la comercialización del petróleo y sus derivados, y de la empresa Petróleos Mexicanos (Pemex), la cual se encargaría de la exploración, producción y refinación del petróleo. Con ello se concretaba la idea de Cárdenas y Lombardo Toledano, quienes consideraban que la forma idónea de ejercicio del poder en México era el socialismo que, además de impedir el avance del imperialismo, fortalecería al Estado, al hacerlo responsable de la explotación de los hidrocarburos y del control de la industria petrolera.

En 1941, Cárdenas escribía:

> Recordaré siempre con emoción profunda el movimiento espontáneo de adhesión con el que el pueblo mexicano respaldó tan importante resolución del poder público. Sin esa asistencia que presuponía la voluntad general de aprestarse a sufrir todos los sacrificios que sobrevinieran al país, como consecuencia de aquel acto de liberación nacional, es posible que el Gobierno hubiere carecido de capacidad de resistencia necesaria para contestar los numerosos ataques que le fueron planteados en distintas esferas de la vida de la nación, en el terreno económico, en el ámbito social, en el orden político y en el internacional.[44]

Cárdenas maneja, además, el binomio de la defensa de los recursos de la nación y el compromiso de liberarla de los abusos económicos de las empresas extranjeras que tienen inversiones en el país.

44 L. Cárdenas, *Obras. I-Apuntes 1941-1956…*, p. 11.

Un poco antes de la expropiación petrolera, hacía esta reflexión:

> México tiene hoy la gran oportunidad de liberarse de la presión política y económica que han ejercido en el país las empresas petroleras que explotan, para su provecho, una de nuestras mayores riquezas, como es el petróleo, y cuyas empresas han estorbado la realización del programa social señalado en la Constitución Política; como también han causado daños las empresas que mantienen en su poder grandes latifundios a lo largo de nuestra frontera y en el corazón del territorio nacional.[45]

Sobre este tema, López Obrador escribe:

> La política petrolera en particular ha sido manejada con perversidad, de manera irresponsable y con una sorprendente falta de visión y de sentido común. Lo único que les ha importado es vender petróleo crudo al extranjero, haciendo a un lado la exploración de nuevos yacimientos y, sobre todo, dejando en el abandono la refinación y la industria petroquímica. Todo esto nos ha llevado a una gravísima situación de dependencia.[46]

López Obrador toma también de Cárdenas la idea de un *liderazgo moral*, ya que este creía —como lo menciona también en sus *Apuntes*— que, para educar al pueblo, los hombres del poder debían tener una actitud moral; que los servidores públicos debían eliminar todo aquello que entorpeciera la cultura de las masas. Pensaba que, para que una renovación tuviera éxito, necesitaba fincarse en la honradez y que, mientras existieran complacencias para la inmoralidad, no podría haber un gobierno popular.

---

45 L. Cárdenas, *Obras. I-Apuntes 1913-1940...*, p. 387.

46 A. M. López Obrador, *La mafia...*, p. 73.

El 18 de junio de 1935, Cárdenas afirmaba: «Necesitamos ante todo honestidad en los servicios públicos y es oportuno señalar en esta vez, que, para poder mantener la unidad del pueblo mexicano, es indispensable gobernar con el ejemplo, ser sinceros con nuestras convicciones y cumplir celosamente con el programa administrativo que se ofreció al país».[47]

En cuanto a López Obrador, la *honestidad* ha sido una de las palabras a las que más ha recurrido en su relato. En un mitin durante su campaña, en abril de 2012, informaba que la honestidad se convertiría en un estilo de vida, en forma de gobierno, y que el cambio verdadero sería cortar de tajo con la corrupción. Refrendó esta idea en su discurso de toma de protesta como presidente de la república, cuando dijo:

> Ahora, nosotros queremos convertir la honestidad y la fraternidad en forma de vida y de gobierno. No se trata de un asunto retórico o propagandístico, estos postulados se sustentan en la convicción de que la crisis de México se originó, no solo por el fracaso del modelo económico neoliberal aplicado en los últimos 36 años, sino también por el predominio en este período de la más inmunda corrupción pública y privada.
>
> En otras palabras, como lo hemos repetido durante muchos años, nada ha dañado más a México que la deshonestidad de los gobernantes y de la pequeña minoría que ha lucrado con el influyentismo.[48]

Igualmente, del cardenismo toma la idea de que debe haber un proyecto educativo que empodere al pueblo. La educación socialista, que se impulsó de 1934 a 1940, tenía como propósito combatir los privilegios y sentar las bases para hacer de la educación laica un

47 L. Cárdenas, *Obras. I-Apuntes 1913-1940…*, p. 322.

48 Presidencia de la República, «Mensaje del presidente de los Estados Unidos Mexicanos, Andrés Manuel López Obrador», 1 de diciembre de 2018, gob.mx/presidencia/articulos/mensaje-del-presidente-de-los-estados-unidos-mexicanos-andres-manuel-lopez-obrador.

elemento más para incluir a los sectores marginados en ese proyecto de nación. En el lopezobradorismo, el cambio en el contenido de los libros de texto, con el objeto de incorporar en ellos su visión de la historia y la idea de retomar el proyecto de la *Cartilla Moral* de Alfonso Reyes, muestran otro de los puntos de influencia de su mentor.

El cardenismo es uno de los ejemplos más emblemáticos de la personalización de la política en México. Soledad Loaeza coincide con esta idea al citar a Cárdenas al término de su mandato: «En el Gobierno una única fuerza política debe sobresalir: la fuerza del presidente de la república, él debe ser el único representante de los sentimientos democráticos del pueblo».[49] En esto también existen semejanzas con el lopezobradorismo, cuya concepción del poder es prácticamente la misma.

El presidente López Obrador no usa frases tan contundentes, pero sí desacredita en sus conferencias de prensa matutinas a los representantes de otros poderes, a los gobernadores u otras autoridades, así como a organizaciones de la sociedad y a los medios de comunicación que no coinciden con su visión del ejercicio del poder. Otro de los rasgos de su interpretación personalista de la política es que se ve a sí mismo como la encarnación del Poder Ejecutivo. Esto lo demuestra con sus constantes menciones a la necesidad de «cuidar la investidura» y con la manera en que refuta la información proporcionada por los funcionarios e instituciones del Gobierno cuando no concuerdan con la versión que él quiere ofrecer de los resultados de su gestión, usando a menudo la frase «Yo tengo otros datos».

El gran marco: la Cuarta Transformación

Como suma de lo antes dicho se encuentra el marco de referencia de lo que López Obrador denomina la Cuarta Transformación política

---

49 S. Loaeza, «La presencia populista…», p. 378.

en la historia de México. El presidente ha iniciado dos de sus más importantes alocuciones —su discurso de toma de protesta y su intervención en Naciones Unidas, en septiembre del 2020— mencionando las tres grandes transformaciones políticas que anteceden a la suya y diciendo que, pese a que la Revolución tuvo un mayor alcance en el terreno social, la proliferación de una élite corrupta y la gradual descomposición política del país impidieron que se consolidara una verdadera democracia en México.

Aquí aparece, en su relato, otra condición del marco populista: la *situación de excepción*. En referencia a lo que sucedió en México cuando se dio el primer intento de instauración de reformas liberales, López Obrador anota que ese programa de Gómez Farías «sucumbe por falta de condiciones objetivas en el interior de la sociedad»[50] y sería hasta veinte años después que una *situación de excepción* daría paso a la segunda transformación política del país. De la misma manera, él tuvo que esperar 12 años para que la flagrante corrupción política abriera la posibilidad de que un discurso en el que el pueblo aparece como el actor protagónico se convirtiera en la opción más votada por la ciudadanía.

Aunado a esto, López Obrador incorpora a su relato la idea de saqueo y la urgencia de devolverle a la nación los bienes que le pertenecen. De ahí que, igual que Cárdenas decidió expropiar a los extranjeros las empresas petroleras, él busque revertir los efectos perversos de las políticas neoliberales, a través de una serie de reformas que le devolverán a México los recursos que le pertenecen.

Otro de los rasgos que concuerdan, tanto con el populismo como con la personalización de la política, es que el presidente se considera a sí mismo como el líder fuerte y capaz de emprender la regeneración de un país al que la corrupción le ha arrebatado toda esperanza. En su lectura de los grandes acontecimientos políticos que cambiaron el rumbo de México, siempre hay un actor prota-

50 A. M. López Obrador, *Proceso de formación...*, p. 66.

gónico sin el cual nunca hubiera triunfado el bien sobre el mal. En su narrativa de la Cuarta Transformación, López Obrador muestra su urgencia por convertirse en una celebridad histórica semejante. El rasgo particular de su interpretación de los acontecimientos es que los protagonistas aparecen como políticos incomprendidos y fuertemente criticados; en ese contexto, lo que les mueve a seguir es su convicción de la necesidad del cambio y su vocación de servicio. Él también se percibe así.

López Obrador entiende al pueblo como una comunidad moral, cultural y política que se constituye como tal para defenderse de las amenazas que le acechan: una comunidad a la que el líder no solo debe proteger, sino también procurar su bienestar, además de resarcirlo por muchos años de agravios.[51]

Conocemos las otras tres grandes transformaciones de la historia política del país por el legado que dejaron: independencia del Imperio español; reformas institucionales para la construcción de un Estado liberal; una revolución que cambió la correlación de fuerzas políticas y sociales, además de ofrecer a las clases marginadas espacios políticos para procesar sus demandas. En el caso de la Cuarta Transformación, más allá del enunciado, lo que queda por constatar es si los cambios que está impulsando su promotor tendrán la misma trascendencia.

Ya expresé que los marcos permiten encontrar los detalles finos que hacen que cada quien perciba la realidad de forma diferente y que además facilitan lo que, a nuestro entender, debe quedar dentro y fuera de una versión de los hechos. Estas son las razones de su utilidad para entender la narrativa política e ideológica de López Obrador.

El proceso de enmarcado explica la manera en que interpretamos los marcos, entendidos como discursos que dan sentido a la realidad, haciéndola coincidir con nuestro sistema de creencias y

---

51 Yves Mény e Yves Surel, *Democracies…*

valores, y eliminando todo aquello que le es contradictorio. En el proceso de enmarcado podemos hallar las claves del lopezobradorismo —la construcción de su significado, la selección e interpretación del contexto, la manera en que usa el lenguaje y define los símbolos de la política—, las cuales han logrado que una mayoría expectante apoye su visión de lo que sucede.

Mostrar los marcos que integran la narrativa lopezobradorista me permitirá trazar una ruta para ofrecer mi propia explicación acerca de los rasgos específicos de su liderazgo, del carácter persuasivo de las proclamas defendidas por Morena y de la eficacia de las distintas estrategias de comunicación que este político ha adoptado a lo largo de su travesía política.

Capítulo 2

La hechura del líder: el personaje y su circunstancia

El de López Obrador es un liderazgo polémico. La mayoría de quienes lo han analizado tratan de ubicarlo dentro de las clasificaciones que ofrece la literatura académica, en aras de entender la razón de su éxito. Su multifacética forma de ejercer el poder y de conducir a sus huestes han hecho que en torno a él se hable, por lo menos, de *liderazgo carismático*, *liderazgo populista*, *liderazgo pragmático* y *liderazgo ético.*

¿Se puede adjetivar, a partir de alguna de estas etiquetas, su personal estilo de dirigir a su movimiento, a su partido y al país? ¿O es en la conjunción de todas ellas en donde se halla la respuesta a su capacidad de convocatoria? Haré aquí una somera revisión de estos tipos ideales para encontrar las claves de la construcción de su personaje, de cómo entiende el ejercicio de la autoridad y de su capacidad de control.

Los términos de la discusión: ¿qué es el liderazgo?

Al ser una condición difícil de comprender, los académicos, analistas, periodistas y ciudadanos se han esforzado por encontrar una definición contundente del concepto de *liderazgo*, que sea el punto de partida para entenderlo. La opinión que ha prevalecido es que hay que estudiarlo a partir de los muchos factores que intervienen en el éxito y la influencia que puede ejercer un líder.

En estudios iniciales sobre liderazgo, se decía que las explicaciones acerca de los personajes con dotes de mando y capacidad para ofrecer propuestas innovadoras —en los ámbitos de la religión o de la política— debían tomar en cuenta dos niveles distintos de análisis: el personal o psicológico, y el social o histórico.[1] El propósito de esta división era no solo explicar el liderazgo a partir de las cualidades de quien lo ejerce, sino, además, incorporar las circunstancias que le permitieron erigirse como una autoridad reconocida por muchos. Esto se complementa con la idea de Dankwart Rustow de que el carácter del líder, las esperanzas que sus contemporáneos depositan en él y el éxito —o fracaso— de un movimiento —de sus metas trazadas— son tan importantes como el contexto en el que sucede este intercambio político. El liderazgo afortunado se basa en la congruencia entre las capacidades intelectuales y persuasivas del líder, y las necesidades sociales de sus seguidores. A esto hay que añadir el entorno en que se da esta relación, ya que muchas de las cualidades del líder político o intelectual estarán condicionadas por la situación en donde las despliega.

Con todo, una primera manera de entender el liderazgo es como proceso que sucede en un momento determinado, que implica la influencia de un personaje sobre grupos grandes o pequeños, dentro de la sociedad, y que se explica por la existencia de fines comunes, los cuales implican compromisos políticos y emocionales.[2]

Keith Grint construye, a partir de la tipología elaborada por Walter Gallie, en 1956, un modelo de cuatro elementos que articulan la definición de liderazgo: *persona*, *resultado*, *posición* y *proceso*.[3]

1 Dankwart Rustow, *Filósofos y estadistas. Estudios sobre liderismo*, México, FCE, 1976, p. 16. Kai Erikson, «Sociology and the Historical Perspective», *The American Sociologist*, 5(4), 1970, pp. 331-338.

2 Peter G. Northouse, *Leadership. Theory and Practice*, Thousand Oaks, SAGE, 2013, p. 5.

3 Keith Grint, *Leadership: Limits and Possibilities of Management, Work and Organization*, Londres, Palgrave Macmillan, 2005; Walter Gallie, «Essentially contested concepts», *Proceedings of the Aristotelian Society*, 56, 1956, pp. 167-198.

Persona: *¿Quién es el líder? ¿Cuáles son sus rasgos de carácter? ¿Qué le hace capaz de movilizar personas en torno a una causa?* El líder como personaje es, tradicionalmente, un individuo con cualidades excepcionales; sin embargo, este es un elemento necesario mas no suficiente para que el liderazgo se consolide, ya que este siempre existe en función de la construcción de una comunidad de seguidores sobre los que él ejerce influencia utilizando sus atributos persuasivos.[4]

Resultado: *¿Cuáles logros de un personaje lo convierten en líder?* El liderazgo a partir de resultados tiene que ver tanto con eficacia como con legitimidad. Es importante que quien se encuentre a la cabeza de una transformación sea capaz de hacer contribuciones efectivas al cambio social o político. Es de igual importancia que sus partidarios crean que tiene las cualidades y las virtudes necesarias para llevarlos a alcanzar las metas que dieron origen a la movilización.[5] La consolidación del liderazgo depende del continuo desempeño del líder y del éxito en la definición de su propia narrativa.

Posición: *¿Cómo influye el rango que ocupa el líder en la consolidación de su liderazgo?* La posición que ocupa el personaje está ligada a una idea de jerarquía, al liderazgo formal de una organización, movimiento o institución política en el que tendrá la potestad de distribuir cargos de autoridad, además de responsabilidades dentro de las estructuras de operación y de acción del movimiento, o en la escala de poder en la que se ubique.

El desarrollo del liderazgo puede tener muchos parámetros de observación; uno es el tiempo que toma dar propósito al esfuerzo colectivo y la manera en que se va acumulando experiencia para

---

4 Max Weber, *apud* Robert C. Tucker, «La Teoría del Liderismo Carismático», en Dankwart A. Rustow (ed.), *Filósofos y estadistas. Estudios sobre el liderismo*, México, FCE, 1976, pp. 95-126; W. Gallie, «Essentially…»; K. Grint, *Leadership…*; P. G. Northouse, *Leadership. Theory…*

5 Dian Hosking, «Organizing Leadership and Skillful Process», *Journal of Management Studies*, *25*(2), 1988, pp. 147-166.

alcanzarlo.[6] Otro es el camino por el que tienen que transitar los líderes para aprender a serlo.

Proceso: *¿La manera en que el personaje logra que sucedan las cosas a través del tiempo es lo que le convierte en líder?* El proceso de formación del líder es complejo y controvertido; obedece, en principio, a su influencia sobre los adeptos, construida a partir de una relación permanente de convencimiento. Un factor a considerar es que el líder se enfrentará, a lo largo del tiempo, a una serie de experiencias de ensayo y error en torno a las situaciones derivadas de las circunstancias en las que actúa. El proceso conduce, además, a ejercicios de reflexión que le permitirán diseñar, con mayor madurez y templanza, las estrategias de transformación del *statu quo*.[7]

A la tipología de Gallie y Grint, a mi juicio, tendría que sumársele un quinto y esencial elemento para entender el liderazgo: la *capacidad persuasiva* del líder. El liderazgo se funde con el poder, entendido como la pericia o el potencial para influir en los demás. Una persona tiene poder cuando posee la habilidad para incidir en las creencias, las actitudes y las acciones de los otros.[8]

La persuasión exige que el liderazgo tenga como base una relación consensual en la que cada una de las partes accede, de manera voluntaria, a implicarse en una o varias causas comunes. En este sentido, el poder del líder no es una potestad impuesta a los seguidores para alcanzar sus propios fines, sino un esquema de colaboración, acordado entre ambos, con el objetivo de alcanzar los propósitos trazados.[9]

---

6 Owen Jacobs y Elliot Jaques, «Military executive leadership», en Kenneth Clark y Miriam Clark (eds.), *Measures of leadership*, Greensboro, North Carolina, Center for Creative Leadership, 1990.

7 K. Grint, *Leadership...*

8 P. G. Northouse, *Leadership. Theory...*; M. Weber, citado por R. C. Tucker, «La Teoría del Liderismo...».

9 James MacGregor Burns, *Leadership*, Nueva York, Harpercollins, 1978.

La capacidad persuasiva del líder puede ser más clara si se observa desde la óptica de un liderazgo implícito, en el que los individuos tienen creencias y convicciones predefinidas sobre los atributos que distinguen a quienes son líderes de quienes no lo son, así como a quienes son capaces de ejercer un liderazgo efectivo y quienes no.[10] Desde esta perspectiva, el liderazgo se concreta a través de la manera en la que los seguidores perciben las cualidades y habilidades del líder, de su empatía con el poder y la autoridad que este proyecta, incluso sin que exista una evidencia real que apuntale esas percepciones.[11]

El liderazgo lopezobradorista

Robert Tucker aconseja «que cuando estudiemos un caso —o posible caso— de liderazgo carismático, debemos siempre retroceder a los orígenes de la personalidad del líder como tal, mejor que empezar con la posición lograda en el zenit de su carrera»;[12] de esta forma se puede entender el resultado a partir de la trayectoria.

En el caso de López Obrador, existen múltiples recuentos de la manera en que incursionó en política, de los personajes locales y políticos que fueron sus primeras influencias. Por ejemplo, su maestro de civismo, Rodolfo Lara, quien, de acuerdo con Héctor Quintanar, sería el responsable de la admiración que López Obrador desarrolló por Benito Juárez; tal vez, incluso, de sus primeras intenciones de emularlo.[13]

---

10 Robert Lord y Karen Maher, *Leadership and information processing*, Londres, Routledge, 1991.

11 Felix C. Brodbeck, Paul J. Hanges y Peter W. Dorfman, *Leadership and cultural variation: the identification of culturally endorsed leadership profiles*, Thousand Oaks, SAGE, 2004; P. G. Northouse, *Leadership. Theory...*

12 R. C. Tucker, «La Teoría del Liderismo…», p. 21.

13 Héctor Alejandro Quintanar Pérez, *Las raíces del Movimiento de Regeneración Nacional. Antecedentes, consolidación partidaria y definición ideológica de Morena*, México, Itaca, 2017.

Enrique Krauze destaca la empatía de López Obrador por Tomás Garrido Canabal, al que consideraba un político «muy hábil, muy eficaz, muy sensible. [...] Tenía un instinto certero [...] tenía otra cosa que también es fundamental [...] era un hombre con aplomo»; asimismo, de acuerdo con Adolfo Gilly, de Garrido Canabal aprendió López Obrador el «método de centralización personal de la organización la figura del Jefe».[14]

Ahora bien, la mayoría de sus biógrafos —como los ya mencionados Quintanar y Krauze, así como Jorge Zepeda Patterson— coincide en que fue Carlos Pellicer quien inició en la política a López Obrador. El poeta, museógrafo y político tuvo una influencia definitoria en él. Pellicer fue líder estudiantil, activista político, defensor de los derechos de los indígenas y admirador del bolivarianismo. Además de las tertulias en su casa, a las que López Obrador era convidado junto con otros jóvenes —probablemente, donde se inició en la lectura de la historia y la literatura—, Pellicer lo invitó a formar parte de su equipo de campaña para senador, en 1975. Esto le permitió a López Obrador conocer a fondo su estado y, sobre todo, aprender el valor persuasivo del mensaje político en los discursos pronunciados por el candidato. En uno de sus libros se definía así: «Me considero de izquierda y pelliceriano, porque este maestro protestó por la injusticia social y escribió poemas en voz alta, siempre llenos de esperanza».[15]

Por otro lado, la posición intermitente de López Obrador en la jerarquía política ha actuado a favor de su liderazgo, ya que le ha permitido sacar partido de las posiciones de poder en las que ha estado, y explotar, durante muchos momentos de su biografía, el arquetipo de mártir de una mafia conspiracionista.

---

14 Enrique Krauze, «López Obrador, el mesías tropical», *Letras Libres*, 57, junio de 2006, letraslibres.com/revista/el-mesias-tropical/.

15 Andrés Manuel López Obrador, *La mafia que nos robó la presidencia*, México, Grijalbo, 2007, p. 300.

En efecto, el proceso de construcción de su liderazgo ha pasado por varias etapas. Su capacidad de convocatoria inicia con su encargo como director regional del Instituto Nacional Indigenista, en donde comenzó su cruzada en pro de los grupos marginados, en ese momento, de los chontales.

Luego, en los tres partidos en los que López Obrador ha militado —PRI, PRD y Morena—, ha ocupado cargos de dirección: en el primero fue el dirigente del comité estatal de Tabasco; en el segundo, presidente del partido; en el tercero, su líder máximo.

En Tabasco, López Obrador se propuso, sin éxito, emprender una renovación profunda de su partido, cosa que sí logró en el PRD, en donde pudo imprimir el sello lopezobradorista a una gestión que logró proyectar al partido en el ámbito nacional y hacerle alcanzar triunfos importantes —como las gubernaturas de Zacatecas, Tlaxcala, Baja California Sur y Nayarit—. Por su parte, Morena es el ejemplo de un partido concebido por su líder para erigirse en una maquinaria política a su servicio. Sobre los dos últimos casos me referiré con más detalle en un capítulo posterior.

Lo anterior en cuanto a su capacidad de convocatoria política. En el ámbito electoral, la actuación de López Obrador, aunque estruendosa, no se tradujo enseguida en los puestos de representación que esperaba obtener. Sin embargo, por paradójico que parezca, esto llevó su liderazgo a un nivel de mayor reconocimiento y consideración: sin el aura que le otorgó el intento de la élite política en turno de impedirle contender por la presidencia en 2006, el personaje se hubiera desmoronado por sus propios fueros. Así, tanto en su intento de ser candidato del PRI a la gubernatura de su estado como cuando compitió por este cargo bajo el membrete del Partido de la Revolución Democrática (PRD), López Obrador puso a prueba el potencial de hacer ver su fracaso en las urnas como un fraude en su contra, como un complot para detener el proceso de transformación y de regeneración moral de la sociedad.

En efecto, salvo en la elección presidencial de 2018, en la que por fin ganó, López Obrador ha legitimado su calidad de líder a partir de la denuncia de acciones ocultas y fraudulentas que le impidieron asumir el cargo al que aspiraba, para el que el pueblo lo había elegido. En 1991 emprendió su primera gran movilización, con el fin de denunciar las irregularidades que sucedieron en la elección para gobernador de Tabasco, que se conoció como *Éxodo por la democracia*. Fue una caminata de Tabasco al entonces Distrito Federal, para exigir que se reconociera el triunfo del PRD en algunos municipios de ese estado. Después, en 1994, denunció la compra de voto en la elección a gobernador, con una réplica de la caminata de tres años atrás, cuyo propósito era desconocer el gobierno de Roberto Madrazo y de los presidentes municipales priistas. En 2006, encabezó una serie de convocatorias a marchas y mítines, además de un plantón de 48 días en la avenida Reforma de la Ciudad de México, con el fin de impugnar los resultados de la elección presidencial y pedir un nuevo conteo de los votos. En 2012, además de las protestas por la compra de sufragios y la inequidad en los gastos de campaña del PRI, se montó en el Zócalo capitalino el campamento *Expo Fraude 2012*, en el que se mostraban las irregularidades detectadas por la ciudadanía el día de la elección y se hacía proselitismo a favor de su anulación.[16]

El papel de líder es el de iniciador y promotor. Peter Northouse habla de esto como un proceso en el que «él inicia la relación con sus potenciales adeptos, él crea estrechos y constantes vínculos de comunicación con ellos y él asume la responsabilidad de mantener viva la causa».[17] En su autoconcepción como líder, López Obrador parte de su propia definición de democracia como «el gobierno del pueblo organizado [...] cuando el pueblo se organiza y se gobierna a sí mismo»; así, precisa su cometido en la historia: ser el responsable de medir «el pulso de la gente», el que «metiéndose abajo» escucha y canaliza las demandas del pueblo.[18]

16 *Cfr.* H. A. Quintanar Pérez, *Las raíces...*

17 P. G. Northouse, *Leadership. Theory...*, p. 6.

18 E. Krauze, «López Obrador...».

Con su triunfo en la elección presidencial de 2018, López Obrador ha podido poner en práctica su marco de interpretación de la realidad no solo en la narrativa que lo legitima como líder, sino además en la columna vertebral de su proyecto de gobierno. Si recuperamos la asociación entre liderazgo y resultados —que hace Grint—, la popularidad del presidente en términos numéricos y su capacidad para fijar la agenda de los asuntos públicos pueden indicar que su particular concepción del ejercicio del poder ha encontrado eco en la sociedad mexicana.

Carisma

En muchos momentos de la historia política contemporánea, se ha mostrado una tendencia generalizada no solo a creer en las cualidades de un líder, sino también a otorgarle atributos extraordinarios. De ahí surge el concepto de *liderazgo carismático*. A López Obrador se le ha adjudicado la etiqueta de líder carismático por su capacidad de convencer a la gente de sus dones especiales para transformar una situación de abuso, atropello e injusticia en otra de respeto, reconocimiento e igualdad. Esto es lo que él ha convertido en un llamado a la regeneración nacional. Ahora toca revisar la narrativa con la que se valida este tipo de liderazgo y cotejarla con la que este político ha legitimado su autoridad.

La idea de *carisma* proviene del ámbito religioso; se consideraba una gracia o, de acuerdo con el diccionario de la Real Academia Española, un «don gratuito que Dios concede a algunas personas en beneficio de la comunidad». Fue Max Weber quien adaptó este concepto a la política para incorporarlo a su tipología de formas de autoridad y legitimidad.[19]

19 M. Weber, citado por R. C. Tucker, «La Teoría del Liderismo…».

La *autoridad carismática* se encuentra depositada en personas que muestran cualidades o dones naturales para atraer a los demás por su presencia, palabra y personalidad. El carisma toma de la magia la idea de que se puede lograr cosas imposibles, ya que exige cualidades excepcionales a quien lo posee, así como la capacidad para lograr lo que se considera inasequible.

Weber define *carisma* como «cierta cualidad de un individuo en virtud de la cual se distingue de los hombres ordinarios», como «dones de gracia» en virtud de los cuales ciertas personas se sitúan más allá de los demás y son consideradas poseedoras de poderes sobrehumanos, sobrenaturales o por lo menos excepcionales».[20]

En *Economía y Sociedad*, se refiere al carisma como «cualidad extraordinaria de la persona, al margen de que dicha cualidad sea real, alegada o supuesta». Nos dice:

> La legitimidad del gobierno carismático [...] se funda en la creencia en poderes mágicos, revelaciones y en el culto al héroe. La fuente de esta creencia es la «demostración» de esta cualidad carismática por medio de milagros, victorias y otros éxitos, o sea, logrando el bien de los gobernados. [...] Estas creencias y la autoridad que pretende fundarse en ellas desaparecen en cuanto faltan las pruebas y en cuanto la persona calificada de carismática aparece desprovista de poder mágico o abandonada por su dios.[21]

Así, el liderazgo carismático se funda en una relación entre el personaje y sus seguidores, y se observa como un proceso de interacción mutua: el primero ofrece milagros para el «bien de los gobernados» y los segundos profesan fe en la capacidad del líder para hacerlos. Los resultados conducen a acrecentar la fe de los adeptos, lo que se convierte en el criterio de la autoridad carismática. En este sentido,

20 *Ibidem*, p. 95.
21 D. Rustow, *Filósofos y estadistas...*, pp. 27-28.

la devoción de los seguidores se nutre por la magnitud e inverosimilitud de los resultados alcanzados por su mentor. Sin milagros no hay fe; sin fe, el carisma resulta imposible.

El líder carismático, según Tucker, no es solo un personaje idolatrado al que se sigue por sus cualidades sobresalientes, es también alguien que las muestra, a fin de convencer a la gente para que participe en un movimiento en favor de un cambio y para que defienda las causas que lo justifican.[22] Un liderazgo fundado en el valor de lo carismático refleja la habilidad para inspirar, motivar y promover una entrega incondicional de los seguidores, basada en valores muy arraigados como la grandeza de la patria, la superioridad de un pueblo o la fe en una religión. Ser un líder carismático exige, según Northouse, las facultades de ser visionario, inspirador, digno de confianza, dispuesto al sacrificio propio, resolutivo y eficaz.[23]

¿Por qué es habitual que el liderazgo carismático sea más notorio en los movimientos que buscan una transformación radical de la política? ¿Cómo se explica la devoción que el líder carismático recibe de sus seguidores? La respuesta está en la coincidencia entre lo que buscan los adeptos en ese guía —espiritual, moral y político— y lo que encuentran en la narrativa de este.

De acuerdo con Tucker, los movimientos sociales de corte carismático surgen cuando existe una insatisfacción generalizada, que fomenta la sensación de una situación de desgracia, y aparecen personajes con discursos de carácter salvador, proclamando —en forma muy persuasiva— la posibilidad de vencer el infortunio. En contextos como este, el líder tiende a convertirse en el motor de un movimiento que busca una utopía.

En relación con esto, Rustow afirma: «Entre los importantes servicios que una presencia escénica memorable en el teatro de la

22 R. C. Tucker, «La Teoría del Liderismo…».
23 P. G. Northouse, *Leadership. Theory...*, p. 395.

historia puede prestar, es la ilusión de movimiento en tiempos de estancación o reconsideración y la ilusión de continuidad en momentos de vacilación o cambio de dirección. De esta manera, el pasado remoto puede convertirse en un poderoso aliado contra el pasado inmediato, en la lucha por un futuro mejor».[24]

Reproduzco un fragmento del discurso pronunciado por López Obrador el 9 de septiembre de 2012, en el que se puede notar esta presencia escénica que menciona Rustow: «Todo depende de no perder la fe, de no desmoralizarse, de comprender que los procesos de transformación son tardados, pero sublimes; hacernos a la idea de asumirlos como forma de vida, porque hasta en lo personal producen dicha y grandeza. Es decir, podemos ser felices si dedicamos nuestra existencia a procurar el bienestar y la felicidad de otros».[25]

El liderazgo carismático es —retomando a Tucker—, por naturaleza, salvador o mesiánico, ya que en él se encarna la promesa o esperanza de salvación. Este tipo de líder construye un discurso en el que señala un modo milagroso de salir de la desgracia y se ofrece a dirigir, por la senda del bien, a quienes estén dispuestos a seguirlo. Por ello, los movimientos carismáticos adquieren mayor fuerza cuando confluyen en una sociedad muchas desventuras: pobreza, inseguridad, corrupción, crisis económica.

Este autor expone que uno de los atributos carismáticos de quien conduce el movimiento es su extraordinaria capacidad para construir una visión de cambio y poder comunicarla; en especial, si se relaciona con la posibilidad y con los medios para superar la condición de desgracia generalizada. Otro aspecto es su destreza para dirigir a la gente, en forma práctica, por el camino que lleva a lograr ese propósito. En el primer caso, el líder carismático apa-

---

24 D. Rustow, *Filósofos y estadistas…*, pp. 40-41.

25 Andrés Manuel López Obrador, «Morena, ¿qué sigue? Asamblea Informativa AMLO del día 9 de septiembre de 2012», 9 de septiembre de 2012, lopezobrador.org.mx/2012/09/09/.

rece como un profeta; en el segundo, como un activista, aunque lo más probable es que ambos roles se conjuguen.

López Obrador ha construido su visión de cambio a partir de dos grandes ideas: la necesidad de una profunda regeneración moral del país y la posibilidad de emprender una gran transformación de la vida política, de la magnitud de los movimientos que han conformado las leyes y las instituciones de la república. Así lo sintetizó en un discurso del 8 de marzo de 2019:

> Como todos sabemos, se logró el día 1.º de julio del año pasado [2018] un cambio importante que va más allá de un cambio de gobierno, se trata de un cambio de régimen, por eso hablamos de la Cuarta Transformación de la vida pública de México.
>
> No es más de lo mismo, es como el Movimiento de Independencia, como el Movimiento de Reforma, como la Revolución, iniciada en 1910. Eso es lo que significa esta Cuarta Transformación.
>
> Y nosotros tenemos la dicha enorme de haber logrado este cambio sin violencia. Pero, como lo he dicho en otras ocasiones, a pesar de que se trata de un movimiento pacífico es al mismo tiempo un movimiento profundo, radical, porque estamos dispuestos, hombres y mujeres, a arrancar de raíz el régimen corrupto de injusticias y de privilegios.[26]

Cabe señalar —como lo hace Tucker— que existen tres escenarios en los que el nexo carismático puede agotarse. El primero es la *disminución de la fe*, ya que dicho vínculo se basa en que los seguidores crean en los dones del líder para lograr una profunda transformación social. En este sentido, el carisma es un atributo dinámico,

---

26 Presidencia de la República, «Mensaje del presidente Andrés Manuel López Obrador en el evento Mujeres Transformando México», 8 de marzo de 2019, gob.mx/presidencia/articulos/mensaje-del-presidente-andres-manuel-lopez-obrador-en-el-evento-mujeres-transformando-mexico.

que puede aumentar, disminuir y desaparecer en función de la intensidad de las creencias, así como de la habilidad del líder para fomentar la confianza y el entusiasmo de sus adeptos.

El segundo escenario es el *cambio del contexto* en el que se dio la relación. Hasta ahora he dicho que el *quid* del carisma está en los atributos propios del líder y en su habilidad para ofrecer una narrativa convincente. No obstante, Tucker aborda una alternativa que define como *carisma de situación*, que se refiere a los casos en que un líder de personalidad no mesiánica suscita una reacción carismática entre la gente al ofrecer, en un momento de profundo agravio, un liderazgo que se percibe como fuente y medio de salvación.

El tercero es lo que Weber —citado por el mismo Tucker— llama *rutinización del carisma*, que es el proceso a través del cual el nexo carismático con el líder cede paso a la definición de una estructura de autoridad institucionalizada, para dar continuidad a los objetivos de la transformación. De esta manera, la autoridad, basada en la fe y en las cualidades extraordinarias del líder, se traduce en una dinámica en la que prevalecen las rutinas de gestión del movimiento.

En lo que toca a López Obrador, aún no hay señal contundente que lo ponga en alguno de estos tres escenarios de disminución del carisma o falta de fe de sus seguidores en sus dones para salvar al país.

La fórmula salvadora

Cualquier liderazgo que promueva el cambio —explica Tucker—, sea o no carismático, tiene que ofrecer una *fórmula salvadora* en la que todos los males padecidos por un pueblo, una raza o el género humano se atribuyen a la conspiración de un enemigo, cuya destrucción resolverá la situación crítica.

Así como los seguidores esperan verse liberados de las desdichas a través de una absoluta comunión con su líder, también atribuyen su infelicidad a ciertas personas que, con el afán de perjudicarlos, les trajeron desgracia. El odio, el resentimiento y el temor, derivados de esa situación, se depositan en esas personas o grupos sociales, a los que se denuncia como responsables de un complot.[27]

Existen ciertos puntos focales en los que se concentra el conflicto; la *discriminación* es uno de ellos, porque refleja la tendencia de los individuos a ubicar a un grupo étnico, racial, cultural o social en el centro de las miradas del mundo y de quienes comparten animadversiones en su contra. A esto se suma el hecho de que las personas tienden a dar prioridad a sus propios valores, creencias y actitudes, así como a desestimar los que sustentan los otros. Esto se debe a un egocentrismo que fomenta la percepción de que las señas de identidad grupales y culturales propias son de mejor naturaleza que las de los demás.[28]

Vinculado con lo anterior, otro de los puntos focales del conflicto es el *prejuicio*, que se entiende como una actitud, una creencia o una emoción fija y duradera por la que se discrimina a un individuo o grupo a partir de criterios irracionales e inamovibles. El prejuicio lleva a generalizaciones inflexibles, resistentes al cambio o a cualquier tipo de evidencia alternativa de la situación.[29]

El tercer elemento de la fórmula salvadora es la *definición del bien y del mal*, que se relaciona con los principios morales que sirven de guía a la conducta del líder y de sus seguidores. A partir de estos principios se establecen los límites que determinan quiénes obran en bien de la comunidad y quiénes lo hacen en beneficio propio, perjudicando o abusando de los demás.

En el liderazgo basado en esta disyuntiva bien-mal, existe la intención de los líderes de llevar a sus correligionarios hacia están-

27 Franz Neumann, *Behemoth: La estructura y la práctica del Nacional Socialismo, 1933-1944*, México, FCE, 1943.

28 P. G. Northouse, *Leadership. Theory...*, pp. 384-385.

29 Joseph Ponterotto y Paul Pedersen, *Preventing prejudice: A guide for counselors and educators, Multicultural aspects of counseling series*, 2, SAGE, 1993.

dares superiores de responsabilidad moral. Para tal fin, los líderes se involucran con sus seguidores, se muestran dispuestos a ayudarles con sus dilemas personales o sus conflictos de valores, a encausarlos por la senda del bien.[30]

El liderazgo transformador adopta la idea de que un líder eficaz es aquel que logra satisfacer las necesidades, así como enaltecer los valores y la moral de sus adeptos. La razón para creer en la fórmula salvadora radica en su eficacia para construir una visión de futuro, la cual resulta convincente o esperanzadora para los adeptos y los potenciales afiliados. Esta se convertirá en el fundamento de la misión del movimiento o del partido político, y su construcción, como una tarea conjunta, es lo que dará una identidad comunitaria a la transformación que se quiere alcanzar.

La fórmula salvadora que López Obrador ha propuesto, a lo largo de los años, se asienta en el componente populista del marco de interpretación que analicé en el capítulo 1: una lógica en la que el pueblo es el motor de un proyecto político renovador, el protagonista de la acción política, mientras que él es la persona destinada por el pueblo para representarlo. Así lo expresa: «Deseo que el pueblo siempre tenga las riendas del poder en sus manos. [...] El pueblo pone y el pueblo quita y es el único soberano al que debo sumisión y obediencia».[31]

La *situación de excepción* —propia tanto del liderazgo carismático como del liderazgo populista— se da en el relato lopezobradorista de la espiral de corrupción, abuso de autoridad e impunidad en la que México quedó atrapado, a raíz de la consolidación de una élite licenciosa, que se distribuyó por todos los espacios de poder para saquear al erario. López Obrador es quien alerta sobre la situación, se sitúa a la cabeza de un movimiento cuyo objetivo es remediarla y ofrece una alternativa de redención.

30 J. M. Burns, *Leadership*...; P. G. Northouse, *Leadership. Theory*...

31 Andrés Manuel López Obrador, en Presidencia de la República. Mensaje del Presidente...

Esta fórmula salvadora de López Obrador tiene también el componente religioso, de la tradición cristiana, de la lucha del bien contra el mal. Las inclinaciones religiosas que tuvo desde niño se relacionan con su visión del ejercicio de la política, quizá producto de una de sus grandes influencias declaradas, Garrido Canabal, quien también incluía un componente cuasirreligioso en su práctica política. Al respecto, Enrique Krauze dice que en Garrido «el político era inseparable del teólogo. El celo antirreligioso de Garrido Canabal era en sí mismo "religioso", un reverso torcido y cruel del celo que furiosamente combatía»; y de López Obrador dice que «su religiosidad fue buscando cauces propios, políticos, pero habría de tener una inspiración garridista: puritana, dogmática, autoritaria [...] y, sobre todas las cosas, redentorista».[32]

La lucha del bien contra el mal lleva a definir quiénes son los amigos y enemigos de la causa y de su líder, quien es su principal promotor. En los liderazgos carismáticos y populistas, no son las convicciones políticas o la ideología las que mueven a la acción; lo que se busca es la devoción y la fe. Justamente, López Obrador espera esto de sus seguidores.

El dilema: ¿liderazgo ético vs. liderazgo pragmático?

Las reflexiones en torno al liderazgo suelen plantearse como una disyuntiva entre la ética y el pragmatismo. En el primer caso, se habla de la necesidad de que toda acción social o política se conduzca a partir del establecimiento y del cumplimiento de un conjunto de códigos éticos, que son los aceptados por la mayoría de los miembros de una colectividad. Aquí, el liderazgo tiene una fuerte asociación con lo que está bien y lo que está mal, ya que quien lo ejerce

32 E. Krauze, «López Obrador...».

debe seguir una conducta intachable a ojos de sus seguidores. En el segundo caso, se aboga por dejar de lado la ética, por actuar conforme a criterios de eficacia que permitan alcanzar, de manera más rápida y certera, los fines que se persiguen.

Nicolás Maquiavelo, considerado el precursor del liderazgo pragmático, sugiere que el poder y la ética —tal como se entienden habitualmente— resultan incompatibles. Él presenta un contrapunto interesante ante quienes defienden la idea del vínculo indisoluble entre el liderazgo y la ética: afirma que lo importante es lograr los objetivos propuestos, sin importar las vías utilizadas para alcanzarlos. En el liderazgo ético, de forma implícita o explícita, se valora el liderazgo pragmático como una forma de autoridad políticamente incorrecta, ya que en ella se pueden presentar todo tipo de conductas, justificadas por la misión de conseguir el éxito o las metas propuestas.

Como tipos ideales, ambos liderazgos son modelos a seguir, útiles para observar cómo se ejerce la autoridad y el poder, o el trabajo persuasivo de los líderes para convencer a sus adeptos. No obstante, en la realidad sucede que es una opción intermedia, en la que se puede acudir a argumentos éticos o pragmáticos de acuerdo con la circunstancia que se presente. En este sentido, la disyuntiva se transforma en una estrategia complementaria, en la que pueden justificarse los fines pragmáticos a partir de principios éticos, y viceversa.

En efecto, lo que se observa en el ejercicio cotidiano del poder es que su actuación a partir de ciertos criterios morales, no necesariamente garantiza un liderazgo consecuente con ellos. La dinámica política y el contexto en el que suceden las interacciones pueden llevar al líder a tomar decisiones prácticas fuera de esos criterios, que se justifican porque pueden llevar al éxito de una causa buena y justa. Del lado de los seguidores, puede suceder que aprueben esas acciones del líder, aunque estén fuera de los códigos éticos, porque con esto se alcanzarán los fines de cuyos méritos están convencidos.[33]

33 Jacqueline Boaks y Michael P. Levine, *Leadership and Ethics*, Londres, Bloomsbury, 2015.

Entendido como una relación bidireccional, el liderazgo es demasiado importante para dejarlo solo en manos de los líderes. Un buen líder es consciente de las implicaciones prácticas del ejercicio de su autoridad y del alcance de su poder de convocatoria, ya que los límites se encuentran dados por lo que sus seguidores le permiten hacer y le aplauden.[34]

En *El pueblo soy yo*, Krauze se refiere a la hipótesis de su maestro, Richard Morse, con respecto a las dos vertientes de pensamiento que coexisten en la cultura política latinoamericana y provocan gran tensión en ella: las ideas de santo Tomás de Aquino y las de Nicolás Maquiavelo. Estas dan como resultado «un Estado construido sobre los cimientos morales de una sociedad cristiana y comunitaria, frente a otro basado en principios ajenos a toda inspiración religiosa, real o potencialmente amorales». Morse expuso que santo Tomás era el emblema de un cristianismo orientado al bien común, inspirado en la fe y la razón «bajo el dictado de la ley natural inscrita por Dios en las conciencias de los hombres». Maquiavelo representa, en cambio, a la política practicada por los hombres, «orientada al ejercicio del poder y el establecimiento de estados estables inspirados en ideales patrióticos y republicanos del mundo clásico, todo bajo el dictado de la razón que se valida a sí misma y las leyes escritas por el hombre».[35] Estas premisas, que permean a la mayoría de las sociedades latinoamericanas desde la conquista europea, parecen advertir que existe una empatía hacia los líderes que articulan en su discurso mensajes con un importante contenido ético, pero que al mismo tiempo muestran su disposición a dejar de lado el deber ser para conseguir lo que se proponen.

A continuación, me referiré a la manera en que, en la Ciencia Política, se ha hecho referencia a estas dos formas de liderazgo, como tipos ideales que permiten encontrar puntos de afinidad

---

34 K. Grint, *Leadership...*

35 Enrique Krauze, *El pueblo soy yo*. México, Debate, 2018, p. 34.

entre un predicador y sus feligreses, igual que entre un emprendedor y sus clientes.

El liderazgo ético

En política, la ética provee un sistema de reglas y principios que sirve como guía para tomar decisiones acerca de lo que está bien o mal en una situación particular; establece, además, los parámetros para poder entender lo que significa que un ser humano sea moralmente virtuoso.[36] En cuanto al liderazgo, la premisa es que el líder debe contar con autoridad moral suficiente para estar al frente de la estrategia de transformación; además, debe adoptar, respetar y promover los valores que la sociedad considera deseables o apropiados.[37]

El liderazgo ético se centra en el comportamiento del líder, a partir de sus atributos personales y de la manera en la que reacciona ante las situaciones que se van presentando. Así, las consideraciones éticas se vinculan tanto con el carácter como con las conductas del líder; con lo que es como persona y con sus acciones.

Entre los muchos rasgos que son característicos de este tipo de liderazgo se encuentran los siguientes:

- Un carácter que refleja las virtudes y las cualidades que le son propias y ha ido adquiriendo a lo largo de su vida, que pueden ser el valor, la templanza, la generosidad y el sentido de equidad.[38]
- Atributos personales como el respeto, la vocación de servicio, la justicia, la honestidad y el sentido de comunidad, entre otros. Este tipo de líder escucha atentamente a sus subordinados; es

---

36 P. G. Northouse, *Leadership. Theory...*, p. 424.

37 J. Boaks y M. P. Levine, *Leadership and...*

38 Guillermo Velásquez, «Liderazgo empático, Un modelo de liderazgo para las organizaciones mexicanas», *Revista del Centro de Investigación de la Universidad La Salle*, *6*(23), 2005, pp. 81-100.

empático con sus preocupaciones y recomendaciones; se muestra tolerante hacia puntos de vista opuestos al suyo. Esto significa, además, mostrar disposición para tratar a los subordinados de tal manera que la relación lleve a confirmar sus creencias, actitudes y valores.[39]

- La búsqueda del bien como su patrón de conducta dentro del entorno social en el que se desarrolla el movimiento, el partido o el ejercicio de la autoridad.[40] Con base en esto, el líder establece estándares de participación política, recompensando la conducta ética en sus militantes y castigando las conductas que no lo son.[41] Incorpora también la dimensión ética al proceso de toma de decisiones, en el que, además de considerar las consecuencias que estas puedan tener, en términos de lo que es correcto, trata de que sean justas o concuerden con los parámetros establecidos sobre el bien y el mal.
- Considera que la conducta tiene que ver con las buenas acciones y con sus consecuencias, además de que ve como un deber moral el emprenderlas. Un líder que proclama la ética como norma de conducta está obligado a decir la verdad, cumplir sus promesas, ser justo y respetar a los otros.[42] Los valores que distinguen al movimiento se comunican de forma bidireccional, a través de relaciones interpersonales y de estrategias persuasivas, dirigidas a promover las conductas correctas entre los adeptos al cambio.[43]

---

39 P. G. Northouse, *Leadership. Theory...*

40 B. M. Bass y P. Steidlmeier, «Ethics, Character, and Authentic Transformational Leadership Behavior», *Leadership Quarterly*, *10*(2), 1999, pp. 181-217.

41 A. L. Minkes, M. W. Small y S. R. Chatterjee, «Leadership and Business Ethics: Does It Matter? Implications for Management», *Journal of Business Ethics*, *20*(4), 1999, pp. 327-35.

42 P. G. Northouse, *Leadership. Theory...*, pp. 424 y 426.

43 Michael E. Brown, Linda K. Treviño y David A. Harrison, «Ethical leadership: A social learning perspective for construct development and testing», *Organizational Behavior and Human Decision Processes*, *97*(2), 2005, pp. 117-134, doi.org/10.1016/j.obhdp.2005.03.002.

- Su conducta se toma como el modelo de comportamiento a seguir. Los adeptos buscan emular los códigos que guían el actuar de su dirigente con la expectativa de parecerse a él. El líder cuenta, además, con la potestad moral para emprender las acciones que se proponga, siempre y cuando no vulnere los derechos de otros.[44]

En suma, el liderazgo ético es —al menos normativamente— estar al frente de un conjunto de valores que evocan estadios superiores del espíritu humano.[45] La ética es central a este liderazgo debido a la influencia del dirigente sobre sus adeptos, a la necesidad de comprometerlos en la consumación de objetivos mutuos y al impacto que tiene en la construcción simbólica de los valores que pregona la organización o el movimiento.[46]

A fin de establecer criterios para evaluar los alcances de esta forma de liderazgo, Joanne Ciulla propone observarlo en tres sentidos: en primer lugar, la ética de los propios líderes y de sus intenciones; después, el rasero ético con el que va ejerciendo el liderazgo, esto es, el proceso de liderazgo; y, por último, la ética existente detrás de lo que propone un líder, de los fines que defiende.[47]

A estos criterios habría que agregar al menos dos cuestiones más sobre los líderes que guían su conducta por principios éticos: una es si existen fórmulas para definir la manera en la que ellos son capaces de conducir a sus seguidores hacia metas éticamente correctas; la otra es qué postura se debe adoptar hacia aquellos líderes que manifiestan saber con certeza lo que es bueno para un grupo de personas o para el conjunto de una comunidad.[48]

---

44 Paul Schumann, «A moral principles framework for human resource management ethics», *Human Resource Management Review, 11*(1-2), 2001, pp. 93-111.

45 Adel Safty, *Leadership and Conflict Resolution: The International Leadership Series*, Estados Unidos, Universal Publishers, 2003.

46 P. G. Northouse, *Leadership. Theory...*, p. 428.

47 Joanne B. Ciulla, *Ethics, the Heart of Leadership*, Westport, Praeger, 2004.

48 J. Boaks y M. P. Levine, *Leadership and...*

Pese a que ha proliferado la idea de que el liderazgo ético es políticamente más conveniente que el pragmático, no es suficiente para avalar el criterio de que el grueso de las personas prefiere a líderes buenos que conduzcan a sus correligionarios hacia conductas basadas en la defensa de convicciones morales. La alternativa de un liderazgo eficaz, que ofrezca resultados tangibles, ha ido ganando terreno entre los adeptos a un proyecto político con miras a convertirse en una alternativa puesta en práctica desde la esfera del poder.

En el capítulo 1 expuse que el marco populista se construye sobre la base de la disyuntiva bien-mal, lo que permite señalar a quienes han procedido incorrectamente, de tal forma que el líder y el pueblo, de la mano, se convierten en jueces con potestad para combatirlos y para llevar al país por la senda del bien. En el caso de López Obrador, incluso ha dicho que *transformar es moralizar*. Quizá por ello tiene apelativos muy precisos para quienes están en contra de este propósito: «mafia en el poder», «minoría voraz», «oligarquía», «conservadores», «mis enemigos», «ellos».

De acuerdo con su idea de mover conciencias, el 26 de noviembre de 2020, el presidente presentó la *Guía ética para la transformación de México*, la cual consta de veinte principios, valores y preceptos: respeto a la diferencia; la vida; la dignidad; la libertad; el amor; el sufrimiento y el placer; el pasado y el futuro; la gratitud; el perdón; la redención; la igualdad; la verdad, la palabra y la confianza; la fraternidad; las leyes y la justicia; la autoridad y el poder; el trabajo; la riqueza y la economía; los acuerdos; la familia; los animales, las plantas y las cosas.[49]

Además, en el corte de caja que hizo, a tres años de iniciado su gobierno, formuló esta acotación: «Reitero, el logro más importante ha sido el cambio de mentalidad con la puesta en práctica de un proceso de pedagogía política o concientización continuo, manifestado

49 Gobierno de México, *Guía ética para la transformación de México*, México, 2020.

en conferencias, en discursos en las distintas plazas, pueblos y regiones del país y en mensajes por las redes sociales, pero, sobre todo, predicando con el ejemplo».[50]

Joanne Ciulla anota que es preciso observar los parámetros éticos con los que se va ejerciendo el liderazgo.[51] En el caso del presidente, se podría hablar de un liderazgo ético proclamado, porque él hace constante referencia a los códigos morales a partir de los que distingue el bien y el mal. La *Guía ética…* confirma esta idea en el apartado de la autoridad y el poder: «El poder es la facultad de actuar y tomar decisiones en nombre de otros. La autoridad es la confianza que otros depositan en ti para que actúes en función de sus necesidades y de su interés. Ni el poder ni la autoridad son derechos o atributos de tu persona. Uno y otra solo tienen sentido ético cuando se ejercen para servir a los demás».[52]

En palabras del propio López Obrador: «La política es un imperativo ético. El político debe, por ética y convicción, representar algo y a alguien; es decir, tener una causa y tomar partido por una persona, clase, estrato o sector, sin que ello lo lleve a excluir, ignorar, atropellar o faltar al respeto a quienes no piensan como él».[53]

Si bien este es el *deber ser* que suscribe, hay ocasiones en que lo deja de lado, sobre todo si la conducta por la que pasará el rasero es la de alguno de sus allegados.

En sus conferencias de prensa, suele afirmar que él no es como los políticos corruptos de antes; que no tiene que someter sus proyectos a licitación, porque él es una persona honesta; que uno de los principales criterios para seleccionar a sus colaboradores es la honestidad de estos. Sin embargo, cuando es cuestionado por actos que muestran tráfico de influencias o malversación de dinero público —ya sea de sus funcionarios o de sus familiares—, suele

50 A. M. López Obrador, *A la mitad…*, p. 10.
51 J. B. Ciulla, *Ethics, the Heart…*
52 Gobierno de México, *Guía ética…*, pp. 19-20.
53 A. M. López Obrador, *A la mitad…*, p. 227.

descalificar los hechos refiriéndose a ellos como politiquerías o como artimañas de sus enemigos para desprestigiarlo.

Otro aspecto que define el liderazgo de López Obrador es su *populismo banal*, concepto que yo derivo de la adaptación del concepto de *nacionalismo banal*, de Billing: la reproducción masiva, a menudo rutinaria, mundana y vernácula de una serie de representaciones de lo nacional.[54]

En su narrativa hay infinidad de ejemplos al respecto. Reproduzco aquí este: «el conservadurismo [...] ha propiciado la miseria pública y la pobreza y constituye un obstáculo para alcanzar el bello ideal de que nuestro pueblo sea enteramente feliz y México, con la laboriosidad de su pueblo, sus vastos recursos naturales y su extraordinaria grandeza cultural, ocupe el sitio de prosperidad y honor que le corresponde en el concierto de las naciones».[55]

El populismo banal no solo se debe a esta forma vernácula de representar al pueblo, sino también a una banalización del bien. Hannah Arendt hablaba de la banalidad del mal cuando explicaba que quienes acataron a los judíos, sin compasión y sin reflexionar sobre la perversidad de sus actos, eran individuos entrenados para cumplir órdenes —se refería a los funcionarios responsables de su exterminio durante el gobierno de Adolf Hitler—.[56]

López Obrador y otros gobernantes populistas, a fuerza de simplificar su argumentación sobre el bien, en su narrativa intentan presentar una situación idílica en la que el consentimiento del pueblo hacia sus acciones se convierte en fuente y potencial de su bondad. Esto es lo que sostiene el presidente al respecto: «Se reafirmó que en general los pobres son más sinceros, leales, menos exigentes y no requieren muchas explicaciones; son humildes, no se creen sabiondos, están próximos a sus emociones y sentimientos,

54 Michael Billing, *Banal Nationalism*, Londres, SAGE, 1995.

55 A. M. López Obrador, *A la mitad...*, p. 267.

56 Hanna Arendt, *Eichmann en Jerusalén. Un estudio sobre la banalidad del mal*, Barcelona, Lumen, 1999.

y a la vez tienen un instinto certero para distinguir entre quienes de verdad los respetan y quieren, y quienes tratan de engañarlos, aunque los desprecien».[57]

El liderazgo pragmático

En el liderazgo eficaz, inspirado en las reflexiones hechas por Maquiavelo, la política es producto de las relaciones humanas, de la voluntad de un conjunto de personas que actúan de forma deliberada para conseguir el poder o mantenerlo. El autor decía que los hombres buscan el poder, la riqueza, la sabiduría, la virtud o el placer para afirmar su existencia en el mundo, para alcanzar la fama y la gloria. Desde su perspectiva, la legitimación de cualquier nuevo príncipe solo podía residir en su capacidad para devolver a la política su finalidad última, que es la de tutelar la conducta de los hombres.

En contraste con la situación ideal que otros imaginaron —como Platón y su república, donde la justicia es la virtud del orden—, Maquiavelo, en *El Príncipe*, se refiere a un liderazgo anclado en la realidad. Más aún: en la naturaleza verdadera y corrupta de los seres humanos, con la que los dirigentes tienen que lidiar.

Maquiavelo rompe los vínculos con cualquier forma ideal de organización política y, por consiguiente, con la carga moral propia del liderazgo ético. La vertiente pragmática descarta la primacía de los valores y los códigos morales como fundamentos del mejor liderazgo. Plantea que, cuando una persona busca el éxito en la política, las circunstancias pueden forzarla a asumir conductas que no son ni buenas ni virtuosas.[58]

En el liderazgo pragmático, la política se basa en los hechos tal y como se presentan en la realidad. El discurso sobre lo bueno y lo

57 A. M. López Obrador, *A la mitad…*, p. 204.
58 J. Boaks y M. P. Levine, *Leadership and…*

malo es sustituido por el de la virtud y la fortuna, pero *virtud* no como el conjunto de atributos del espíritu, sino la capacidad de imponer la voluntad, conseguir los fines propuestos y vencer la resistencia de los opositores.

Si en el liderazgo ético la virtud se entendía como la disposición de una persona para obrar de acuerdo con determinados ideales como el bien, la verdad, la justicia y la belleza, en el liderazgo pragmático significa, en cambio, la habilidad para entender o predecir las tendencias, las futuras acciones de los otros, y actuar para obtener una ganancia estratégica o para protegerse de los enemigos.[59]

En este liderazgo, la virtud pragmática y la capacidad persuasiva de quien está al frente de un movimiento o de una organización tienen que partir de una base común. En este sentido, el líder tiene que poseer los atributos que enlisto a continuación:

- Debe hacer uso de la razón para entender las circunstancias, y de sus cualidades con el propósito de conseguir sus fines.
- Debe poseer habilidades estratégicas y fuerza de voluntad para actuar de manera eficaz, aun cuando su actuación entre en conflicto con los valores morales prevalecientes. Para ello, debe contar con el beneplácito de sus subordinados.
- Debe ser capaz de inducir a sus adeptos y a sus potenciales seguidores a creer en él y a tenerle confianza.
- Debe hacer uso de recursos retóricos que le permitan establecer una comunicación fluida entre ambos.
- Debe ser prudente, para evitar que la pasión excesiva le conduzca al fracaso o a la perdición.

Esto en cuanto a la virtud. Respecto a la *fortuna*, Maquiavelo encuentra que el liderazgo está marcado también por las circunstancias del destino y de la necesidad, a las que se refiere como el cúmulo

---

59 Nicolás Maquiavelo, *El príncipe*, México, Gandhi, 2019.

de situaciones naturales y sociales en las que se desarrolla la vida de un individuo, las cuales son independientes de la voluntad.

El poder, la fuerza y la voluntad son condiciones necesarias para tener el control; no obstante, las ambiciones y las acciones pueden estar expuestas a la adversidad de un medio desfavorable, ya que se ubican en un mundo que es preciso conquistar, además de que suceden en condiciones fortuitas. A la fortuna la constituyen los factores que intervienen en la vida de los hombres de manera externa a su voluntad: el azar, lo inesperado, lo accidental.

En política, el contexto cambia constantemente a medida que los actores debaten entre sí y por la manera en que se mueven las circunstancias, debido a que estos intervienen en la disputa por el poder y el liderazgo.[60] A fin de manejar con destreza las contingencias, un buen líder es previsor, se preocupa por entender la realidad y por encontrar los medios para conseguir sus fines. Conocer y prever los acontecimientos permitirán al líder actuar según su voluntad, sin someterse a las vicisitudes, y adelantarse a los hechos, aprovechando las ventajas a su alcance para lograr lo que se propone.[61]

Rustow explica que en la trayectoria del líder existen períodos de desprendimiento, incubación o experimentación, que pueden considerarse como los de planteamiento de los problemas en sus diversos aspectos, del análisis de los recursos propios y del despliegue de diferentes roles. Luego sigue un momento de compromiso, en el que se selecciona un aspecto de la realidad como crítico y merecedor de una solución, así como un papel adecuado para lograr este propósito.[62]

López Obrador ha sido muy consistente con su mensaje político, pero no ha mostrado la misma correspondencia entre el relato

60 Arthur Battram, *Navigating Complexity. The Essential Guide to Complexity Theory in Business and Management*, Reino Unido, Spiro Press, 1998, pp. 20-23.

61 K. Grint, *Leadership...*; Yolanda Meyenberg, *Nicolás Maquiavelo en la sociedad a través de los clásicos*, México, FCPyS UNAM, 1992.

62 D. Rustow, *Filósofos y estadistas...*, p. 39.

y el ejercicio de su liderazgo. En él se encuentra la ambivalencia propia de todo ser humano; no obstante, lo que remarca su perfil pragmático es que, al menos discursivamente, niega tenerlo. Él se concibe a sí mismo como un líder ético y enfatiza, siempre que le es posible, las virtudes que cree poseer. Su credo se puede observar en frases como estas: «La felicidad es estar bien con uno mismo, estar bien con nuestra consciencia, estar bien con el prójimo»;[63] «Debemos insistir en que hacer el bien es el principal de nuestros deberes morales, el bien es una cuestión de amor y de respeto a lo que es bueno para todas y todos, además la felicidad no es lograr acumular riquezas, bienes materiales, la verdadera felicidad es estar bien con nosotros mismos, estar bien con nuestra conciencia y estar bien con el prójimo»;[64] «Estar bien con nuestra conciencia, no mentir, no robar, no traicionar».[65]

El perfil pragmático es un signo inequívoco de su liderazgo. Quintanar encuentra que, en 1977, López Obrador vivió un momento paradójico de su carrera porque, pese a su heterodoxia política y sus simpatías por las causas de izquierda, optó por el PRI como plataforma de inicio de su carrera política.[66] Yo creo que fue una decisión bien sopesada, porque él es capaz de establecer ciertos trueques, incluidas sus convicciones, si considera que eso le ayudará a conservar su presencia pública y su influjo entre sus adeptos. Aquí cabe recuperar a Jacqueline Boaks, quien afirma que la dinámica del contexto político puede llevar al líder a tomar

63 Presidencia de la República, «Conferencia de prensa que ofreció el presidente de los Estados Unidos Mexicanos, licenciado Andrés Manuel López Obrador», 4 de diciembre de 2018, gob.mx/presidencia/prensa/conferencia-de-prensa-que-ofrecio-el-presidente-de-los-estados-unidos-mexicanos-licenciado-andres-manuel-lopez-obrador.

64 Andrés Manuel López Obrador, «Rinde AMLO protesta como candidato del PES a la presidencia de México», 20 de febrero de 2018, lopezobrador.org.mx/2018/02/20/rinde-protesta-amlo-como-candidato-del-pes-a-la-presidencia-de-mexico/.

65 Presidencia de la República, «Versión estenográfica de la conferencia de prensa matutina | Jueves 4 de junio de 2020», gob.mx/presidencia/articulos/version-estenografica-de-la-conferencia-de-prensa-matutina-jueves-4-de-junio-de-2020.

66 H. A. Quintanar Pérez, *Las raíces…*, p. 49.

decisiones prácticas que se justifican, debido a que se hacen en nombre de una causa buena y justa, en tanto que sus seguidores las consienten porque buscan fines que resultan meritorios a sus ojos.[67]

López Obrador no ha reconocido sus fracasos en la gestión pública ni en las urnas, porque eso lo hubiera eliminado de la escena política. En cambio, los ha traducido en una narrativa que le permite mantener un sentimiento de agravio junto con quienes comparten su versión del complot. Estos lo aceptan como el mártir que lucha por la democracia verdadera, como el rayo de esperanza para el país. De ahí las estrategias del plantón en Reforma y la conformación del *Gobierno legítimo*; de ahí también su decisión de pasar página del discurso del fraude electoral y convocar a la organización de un movimiento que, convertido después en partido, lo llevaría a la presidencia.

Una vez en el poder, tampoco se ha cohibido al tergiversar la realidad en función de sus intereses y de la imagen que busca proyectar entre sus seguidores. A esto me referiré en un capítulo posterior.

Liderazgo y persuasión

La fórmula salvadora y los argumentos, que acompañan al liderazgo ético y al liderazgo pragmático, pueden convertirse en meras prédicas si no se acompañan de una *intención persuasiva*, que permita al líder pasar de las palabras a los hechos.

En su definición básica, la persuasión es el proceso mediante el cual una persona se propone convencer a otra, u otras, de que las razones y acciones que expone son las más convenientes para modificar o mantener un estado de las cosas. La persuasión es un proceso interactivo, donde el persuasor y sus potenciales seguidores evaluarán los beneficios de su relación, así como los resultados

---

67 J. Boaks y M. P. Levine, *Leadership and…*

de su acción en común. Esta interacción parte de la premisa de que existe en ambos un interés por participar en la situación persuasiva y que lo hacen en un contexto de libertad de elección.

Victoria Jowett y Garth O'Donnell afirman que, en un proceso persuasivo, de inicio, debe existir una identificación entre el persuasor y el persuadido. La persuasión se producirá a partir de mensajes y acciones en los que se comparten sensaciones, conceptos, imágenes e ideas comunes. Para ello, el persuasor debió analizar al grupo de potenciales seguidores, para comprender sus necesidades, deseos, creencias personales y sociales; también para entender las actitudes y valores que determinan su forma de ver el mundo. Esto le permitirá ofrecerles una solución que se adecúe a sus problemas, ideas y preocupaciones. El persuasor, dicen: «es una voz que viene de dentro, que habla el lenguaje de las voces internas de los miembros de la audiencia».[68]

Aquí retomo el análisis que hice en el capítulo 1 para vincular la intención persuasiva con el proceso de encuadre, condiciones esenciales para que un líder logre sus objetivos de comunicación. Expuse ahí que las personas y los grupos que se integran, a partir de ideas e intereses compartidos, se explican lo que sucede conforme a sus propios marcos de referencia, esto es, de sus visiones esenciales del mundo. En los marcos se incluyen sus valores, lo que les es afín, sus fobias, aspiraciones y frustraciones. Una segunda forma de desarrollar una intención persuasiva es el *reforzamiento*. Este consiste —volviendo a Jowett y O'Donnell— en apelar, de manera más intensa, a determinadas convicciones políticas. A través de esto se establecen los criterios que determinan lo que es y no es relevante; además, se sugieren las alternativas de acción. En la medida en que el líder sepa utilizar estos marcos, su capacidad persuasiva para captar y mantener adeptos será más eficaz.

---

68 Garth Jowett y Victoria O'Donnell, *Propaganda & Persuasion*, Thousand Oaks, SAGE, 2012, p. 38.

Tuomo Takala define *liderazgo* como la capacidad para manejar el significado, lo que está vinculado con la habilidad del líder para crear un campo de entendimiento y de conciencia compartidos, que le permita lograr una poderosa identificación con la comunidad a la que se dirige.[69]

En este tenor, en 1991, Robert Lord y Karen Maher propusieron la teoría del *liderazgo implícito*, en la que se afirma que los individuos tienen creencias y convicciones tácitas acerca de los líderes que son efectivos, las cuales los distinguen de los que son incompetentes. En este tipo de liderazgo, las aptitudes que se atribuyen al líder se encuentran en la mente de sus adeptos, en lo que las personas ven en él.[70] En otras palabras, el líder es evaluado a partir de estructuras y sistemas de significado desarrollados a partir de las experiencias de vida y de las ideas de sus seguidores.[71]

Grint afirma que no es la conciencia de los líderes lo que les hace ser tales, sino su hibridación: no es solo por lo que piensan o defienden, sino por la manera en que se vinculan con los demás.[72] Este vínculo sucede a partir de una comunicación eficiente en la que lo que proclama el líder coincide con lo que está en las mentes de las personas a las que se conduce: el líder es un modelo que inspira y motiva a los miembros de una comunidad a cambiar conductas, actitudes y formas de vida. Además, sus cualidades sirven como pautas de carácter y de conducta que guían a sus seguidores, los inspiran a emularlas y los inducen a transmitirlas a otros.

La capacidad persuasiva del líder estará dirigida a transmitir un mensaje y a construir una visión de futuro que inspiren a sus adeptos; asimismo, a convencerlos o motivarlos a actuar en consonancia con

---

69 Tuomo Takala, «Plato on leadership», *Journal of Business Ethics*, *17*(7), 1998 pp. 785-798.

70 F. C. Brodbeck, P. J. Hanges y P. W. Dorfman, *Leadership and cultural variation...*; P. G. Northouse, *Leadership. Theory...*

71 *Cfr.* Aquiles Chihu Amparán, «La teoría del *framing*. Un paradigma interdisciplinario», *Acta Sociológica*, 59, 2012, pp. 77-101.

72 K. Grint, *Leadership...*, p. 23.

estos propósitos. Su influencia se esparce a través de vínculos interpersonales que van creando un sentido de pertenencia y unidad.[73]

En este proceso comunicativo intervienen muchos de los requisitos de liderazgo que he ido abordando en este capítulo:

- Valores antagónicos se confrontan respecto a una forma de ver y evaluar una situación política y social.
- En este contexto, el líder y la comunidad a la que encabeza toman partido sobre lo que está bien y lo que está mal.
- A partir de esto se plantea un discurso en torno a la transformación del *statu quo*.
- Este discurso pasa por un proceso de traducción simbólica para convertirse en una fórmula salvadora.
- Los argumentos éticos y las consideraciones pragmáticas se articulan para justificar las estrategias de acción.
- A través de la palabra se activa una carga emotiva, a fin de mover las conciencias de los participantes e invitarlos a formar parte de la historia.

En relación con el personaje, Luis Espino ofrece esta conjetura:

> Más que satisfacer deseos altruistas de justicia social, el discurso de AMLO brinda a sus seguidores algo más preciado: la seguridad que se deriva de que alguien fuerte y con autoridad les diga qué hacer para ser considerados buenos y que le dé validación externa y aprobación moral a su visión del mundo. El fuerte cemento emocional que une a los seguidores de AMLO es el descontento, que encuentra en el lenguaje del presidente una vía para el desahogo mediante el cargo simbólico y real de las élites.[74]

---

73 Effie Heotis, «Leadership and the Art of Social Persuasion», *SOJ Psychol*, *4*(2), 2017, p. 12, doi.org/10.15226/2374-6874/4/2/00139.

74 Luis Antonio Espino, *López Obrador: el poder del discurso populista*, México, Turner, 2021, p. 181.

Sobre la narrativa de la Cuarta Transformación y el conjunto de artificios retóricos, que se fueron acumulando en el tiempo hasta darle su fisonomía actual, iré a detalle en los próximos capítulos. Por ahora, solo quiero recuperar el concepto de Lord y Maher[75] en torno a las creencias y convicciones predefinidas sobre los atributos de los líderes. Con esto en mente, podemos aventurar la idea de que el éxito del mensaje lopezobradorista consiste en que sus marcos de referencia coinciden con la evaluación de la política, la forma de pensar, los valores morales y los subterfugios pragmáticos de muchos mexicanos. De ahí su potencial persuasivo.

75 Robert Lord y Karen Maher, *Leadership and information processing*, Londres, Routledge, 1991.1

Capítulo 3

El lopezobradorismo como eje de movilización política

En el capítulo 1 me referí al populismo como uno de los marcos de referencia en los que se ha inspirado el lopezobradorismo; aquí regresaré a él en un doble sentido: como un parámetro para interpretar los distintos marcos que se articulan en el relato de la Cuarta Transformación y como una forma de movilización política.

En cuanto a lo primero, puede considerarse como un punto de partida para ofrecer una explicación sobre la esencia de los problemas políticos, además de sugerir la manera en que deben evaluarse.

En relación con lo segundo, tomo la propuesta de Robert Jansen, quien considera la movilización populista como un medio que puede ser adoptado por líderes y militantes de diversas tendencias políticas, a fin de articular una amplia gama de seguidores —con diversas agendas sociales, políticas y económicas—.[1] Así entendido, se contempla como una forma flexible de recabar apoyo político.

A partir de estas dos consideraciones, a las que iré sumando otras herramientas de análisis, me referiré a la manera en que López Obrador ha usado las organizaciones políticas en las que ha ejercido su liderazgo para desarrollar una manera propia de control y de construcción de capital político.

1 R. Jansen, «Populist Mobilization…», p. 77.

Otro factor que debe contemplarse para entender la hechura de López Obrador, como un líder político con gran poder de convocatoria, es el proceso mismo en el que desarrolla esta capacidad. Por ello, otro de los objetivos del presente capítulo es situarlo en las distintas circunstancias en las que su prédica —la necesidad de una profunda transformación social y política en México— se convirtió en una causa susceptible de convocar a un esfuerzo colectivo para alcanzarla.

Interpretación de los marcos

Un marco implica una forma de conducción política,[2] una manera de interpretar una situación y una propuesta de acción. En este sentido, es importante entender que el marco proporciona más que una simple posición o argumento sobre un tema, porque lo que hace es ofrecer una explicación, a detalle, sobre la esencia del problema, además de sugerir de qué manera debe ser pensado y procesado.[3]

En los llamados a una acción colectiva, de acuerdo con Aquiles Chihu, los marcos de significado son esquemas de interpretación que presentan una explicación del contexto en la que se han codificado ciertas situaciones, eventos, experiencias y secuencias de la historia. Todo esto en función de la visión de mundo que propone un líder, un partido político o un movimiento social.[4] Este autor retoma la idea de Snow y Benford de que, en el terreno de las grandes

---

2 W. Gamson y A. Modigliani, «Media Discourse…».

3 Dietram A. Scheufele, «Framing as a Theory of Media Effects», *Journal of Communication*, *49*(1), 1999, pp. 103-122; Paul Sniderman y Sean Theriault, «The structure of political argument and the logic of issue framing», en Willem Saris y Paul Sniderman (eds.), *Studies in public opinion*, pp. 133-165, Nueva Jersey, Princeton University Press, 2004; Rune Slothuus, «More than weighting cognitive importance: A dual-process model of issue framing effects», *Political Psychology*, *29*(1), 2008, 1-28, doi.org/10.1111/j.1467-9221.2007.00610.x.

4 A. Chihu Amparán (coord.), *El «análisis de los marcos»…*

movilizaciones, el marco es el conjunto de creencias y significados orientados hacia la acción que legitiman las actividades de los colectivos sociales o políticos.

David Snow y Robert Benford se refieren, por su lado, a la existencia de un repertorio de opciones mediante las cuales un colectivo puede llegar a identificarse con un marco o con un conjunto de marcos.[5] Uno de los aspectos más atractivos de su análisis es su definición de *puente entre marcos*; este se constituye por los nexos que se establezcan entre diferentes movimientos sociales, con el fin de encontrar e impulsar los fondos comunes de sentimientos no movilizados.[6] Estos fondos comunes se conforman por quienes han vivido agravios compartidos, que además se atribuyen a los mismos enemigos, pero carecen de una base organizativa para expresar su descontento y para actuar a favor de sus intereses.

Una vez conseguido el vínculo, el apoyo al movimiento y la participación en las actividades de este dependen de la ampliación del marco, lo cual sucede conforme a dos procesos. Uno es la *ampliación de valores*, entendidos estos como formas de conducta o de existencia que vale la pena proteger o promover, y la ampliación del valor como la identificación, idealización y exaltación de uno o más valores que son fundamentales para los posibles militantes, pero que no han sido aún fuente de inspiración para una acción colectiva. El reclutamiento y la movilización de los posibles correligionarios requerirá exaltar y reforzar los valores que resultan fundamentales para la causa que se está defendiendo o, en el caso contrario, inhibir los valores esenciales de la causa a la que se está oponiendo resistencia.[7]

5 David Snow y Robert Benford, «Ideology. Frame Resonance and Participant Mobilization», *International Social Movement Research*, 1, 1988, pp. 197-217.

6 John McCarthy, «Pro-Life and Pro-Choice Mobilization: Infrastructure Deficits and New Technologies», en Mayer N. Zald y John D. McCarthy (eds.), *Social Movements in an Organizational Society*, pp. 49-66, Nueva Jersey, Transaction Books, 1987.

7 D. Snow y R. Benford, «Ideology. Frame Resonance...».

El segundo proceso es la *ampliación de las creencias* que incentivan una movilización colectiva, es decir, de las convicciones acerca de la gravedad del problema, asunto o agravio, que es el motor de la movilización.

Una vez identificado dicho problema o agravio común, lo que sigue es fomentar los prejuicios sobre los responsables o los culpables de la situación. Un paso en esa dirección es reforzar los estereotipos acerca de los antagonistas, enemigos, adversarios o quienes van a ser el blanco de los ataques. En este sentido, una de las estrategias que usan los líderes de los movimientos populares para lograr fijar en el imaginario colectivo la animadversión hacia el enemigo es adjetivando su quehacer a través de un mote o de una descalificación.

Otra de las creencias que promueve la movilización es la necesidad y pertinencia de presentar una oposición, de luchar en pro de un cambio de situación. Por último, están las creencias sobre la factibilidad del cambio y la eficacia que puede tener la acción colectiva para lograrlo.[8]

En suma, la acción social estará condicionada por los resultados esperados o anticipados,[9] porque, para actuar colectivamente, la gente debe creer que la acción será exitosa, que el cambio es posible y que este no ocurrirá sin la acción de un colectivo que lo propicie.

Aunado a los valores y las creencias, la interpretación del marco y su eficacia dependerá de las experiencias personales, de la información con la que cuenten los potenciales adeptos y de la carga emocional que se movilice en ellos. Robert Entman encuentra que las personas acuden a sus experiencias para forjar vínculos con los acontecimientos del presente, es decir, recuperan de su memoria una explicación que les permita establecer asociaciones entre el pasado y sus vivencias actuales.[10] Y si bien esto ocurre, es muy pro-

8 Snow y Benford citados por A. Chihu Amparán (coord.), *El «análisis de los marcos»...*, p. 48.

9 Bert Klandermans, «Mobilization and Participation, Social Psychological Expanisions of resources mobilization theory», *American Sociological Review*, *49*(5), 1984, pp. 583-600.

10 R. M. Entman, «Framing: Towards...».

bable que los posibles adeptos no cuenten con toda la información necesaria para ponderar los pros y contras de su participación en una movilización. Zaller, Kahneman y Tversky, así como Iyengar, afirman que, en la mayoría de los asuntos de interés social o político, las personas no están bien informadas ni son proclives a conseguir la información que les permita interpretar reflexivamente los acontecimientos; por lo tanto, el proceso de enmarcado puede llegar a influir de manera muy importante en la forma en que interpretan el significado de los hechos sociales.[11]

Lene Aarøe otorga una importancia central al papel que juegan las reacciones emocionales en la explicación de la fuerza del marco. Observa que la fuerza con la que se interioriza un marco está en consonancia con el estado emocional del receptor; por tanto, que la fuerza de los distintos tipos de marcos retóricos puede ir variando de acuerdo con la intensidad de las reacciones emocionales que se provocan en la gente.[12]

La intensidad en las emociones es entonces uno de los elementos definitivos para que un proceso de enmarcado movilice acciones colectivas. Aquí merece la pena tomar la propuesta de Iyengar sobre los marcos episódicos y articularla con la idea citada de Snow y Benford (1988) del cambio de las creencias y de las expectativas en el tiempo.[13] Lo importante es destacar que, cuando los marcos pierden resonancia en cuanto a la percepción del problema y la eficacia de la participación, es necesario transformarlos o producir nuevas claves o modulaciones que les permitan recuperarla.[14]

---

11 John Zaller, *The Nature and Origins of Mass Opinion*, Reino Unido, Cambridge University Press, 1992; Daniel Kahneman y Amos Tversky, «Choices, values, and frames», *American Psychologist*, *39*(4), 1984, pp. 341-350; Shanto Iyengar, *Is Anyone Responsible? How Television Frames Political Issues*, Chicago, University of Chicago Press, 1991.

12 Lene Aarøe , «Investigating Frame...».

13 S. Iyengar, *Is Anyone Responsible...*; S. Iyengar, «Framing Responsibility for Political Issues: The Case of Poverty», *Political Behavior*, *12*(1), 1990, pp. 19-40.

14 Erving Goffman, *Frame Analysis...*

El lopezobradorismo se convirtió en un eje de movilización política, en un movimiento contestatario, ante la denuncia de López Obrador de ser víctima de un complot ideado por la élite en el poder. Así logró capitalizar el malestar de muchos actores sociales insatisfechos con la alternancia del año 2000, además de que articuló a diversos grupos sociales que pensaban que el verdadero cambio solo sería posible a partir de un desplazamiento político a la izquierda.

Esta interpretación de la realidad ha tenido como nicho institucional primero al PRD, después a Morena como movimiento y ahora a Morena como partido en el poder. En este capítulo, hago un recuento de la manera en que el proceso de enmarcado se ha refinado a lo largo de los últimos 15 años y de la forma en que han contribuido en su divulgación las organizaciones políticas que López Obrador ha liderado.

Morena es el nuevo PRD

En 2004, escribí sobre el liderazgo en el PRD; al releer ese texto, me resultó sorprendente que su historia y forma de organización sean tan similares a las de Morena.[15] Reproduzco aquí algunos párrafos para establecer una comparación entre ambas historias:

> El PRD fue creado en medio de la euforia de 1988 para aprovechar el éxito de la convergencia de partidos y de grupos de interés que se sumaron a la candidatura de Cuauhtémoc Cárdenas. También se creó como una forma de salida al problema de darle respuesta organizativa a la

---

15 Yolanda Meyenberg, «PRD. La pugna por un nuevo liderazgo», en Rosa María Mirón y Ricardo Espinoza (coords.), *Partidos políticos. Nuevos liderazgos y relaciones internas de autoridad*, pp. 49-68, México, UAMI-AMEP IIJ UNAM, 2004. Todas las citas que presento en este apartado provienen de esta fuente.

> gente que permanecía movilizada después de un largo tiempo de reclamo postelectoral y para no caer en un inmovilismo que podía ser interpretado como complicidad o falta de voluntad política.

En el caso de Morena, fue el intento de desafuero de López Obrador —entonces jefe de Gobierno del Distrito Federal— lo que marcó su inicio y luego se convertiría en el partido que lo llevó a la presidencia. Quintanar opina que, pese a que Morena ha empleado estrategias propias de los movimientos sociales, como las acciones colectivas contestatarias y la resistencia civil, muestra una diferencia en sus objetivos, ya que no defiende una agenda coyuntural ni impulsa peticiones aisladas, sino que se planteaba, de inicio, llevar al poder un proyecto de nación.[16]

López Obrador fundó Morena como un movimiento político en 2011, en vísperas de la elección presidencial de 2012, y después lo convirtió en partido, a fin de canalizar el descontento provocado por el nuevo revés en los resultados, en los que el entonces candidato del PRD volvió a perder.

> Su proyecto se basaba en la intención de refundar la ideología revolucionaria que legitimó la formación del Estado mexicano, para construir un nuevo pacto constitucional asentado en una democracia abierta y emancipatoria. El Partido de la Revolución Democrática pretendía avalar su presencia en el espectro partidista nacional dando a la historia un carácter de epopeya. Quería que su nacimiento fuera visto como uno más de los actos heroicos que han marcado el destino de la nación. En el caso de este partido, este acto consistía en preservar las tradiciones políticas y defender al país contra la cada vez más fuerte incursión del neoliberalismo.

16 H. A. Quintanar Pérez, *Las raíces…*

Como ya lo registré antes, López Obrador siempre ha dirigido su mirada al pasado, a un pasado nostálgico del que ofrece su propia versión; qué decir de su idea de considerar la Cuarta Transformación como otra de las gestas heroicas de un grupo de valientes mexicanos, dirigidos por un líder carismático.

> En su nacimiento, el PRD recogió algunas de las tradiciones y los vicios de integración política prevalecientes en la política mexicana. A semejanza al viejo PRI, en su cara externa se proyectaba un partido de corte popular, que se servía de los grupos de presión que lograba cooptar como plataforma básica para su acción. Este rasgo ha propiciado que el foco estratégico de la labor del PRD se desarrolle principalmente fuera de los espacios parlamentarios.

Una de las cosas que empatan al PRD con el marco lopezobradorista es su aprecio por el populismo. En opinión de Loaeza, el PRD ha reivindicado muchos de los temas y de los gestos del populismo.[17] Uno de ellos es su discurso antitecnocrático, que critica los cambios políticos sucedidos a raíz del arribo al poder de una élite educada en el extranjero, cuya consigna fue desarrollar un modelo económico de acuerdo con los parámetros del Banco Mundial y del Fondo Monetario Internacional. López Obrador fue un poco más allá, al promover un antineoliberalismo feroz e indicar un culpable al cual dirigir todo el encono: el expresidente Carlos Salinas de Gortari. Ya como mandatario, AMLO atribuye todos los males económicos que aquejan al país a ese período neoliberal, que fue el detonante de la opulencia en el servicio público, de la corrupción y de la indiferencia hacia el pueblo.

> El Partido de la Revolución Democrática ha sido producto de la conjunción de un liderazgo carismático plebiscitario y de la acción de

17 S. Loaeza, «La presencia populista…».

> pequeñas burocracias. [...] Esta incapacidad organizativa es la causa de que, por muchos años, el potencial político del partido se centrara en la palabra de un caudillo y en las decisiones tomadas por una pequeña élite situada a su alrededor. También indujo a que las tensiones y conflictos fueran resueltos a través del arbitraje y no de la normatividad.

Nada más cercano a lo que sucede en Morena, aunque hay que hacer una distinción en la correlación de fuerzas dentro de estos dos partidos. Si bien las decisiones en el PRD descansaban, básicamente, en el estilo personal de dirigir de cada uno de sus presidentes, las pequeñas burocracias —¿o tribus?— contaban con sus respectivos líderes y con capacidad de maniobra dentro de la organización. A diferencia de lo que sucedía ahí, Morena es un partido hecho a la medida de su líder y fundador; pese a que hay una pequeña oligarquía a la que López Obrador le permite un cierto margen de maniobra, él es quien tiene la última palabra en las decisiones políticas fundamentales. En este sentido, la delegación del poder emana de él, al margen de cualquier protocolo estatutario, y lo distribuye en función de la fidelidad personal; además, las rivalidades entre individuos o entre grupos están orientadas a obtener el apoyo de López Obrador frente al adversario.[18]

> El PRD no ha logrado tampoco su integración a partir del desarrollo de mecanismos de adscripción afectiva. El carácter improvisado que marcó su constitución, a partir de una coalición disímil e inestable, dio como resultado un partido fragmentado y en ciertos momentos polarizado. Los diferentes grupos y corrientes políticas que conviven en el partido distan mucho de tener una concepción homogénea con respecto a lo que este debe ser.

---

18 Angelo Panebianco, en su libro *Modelos de partido*, México, Alianza Editorial, 1990, hace una descripción semejante de la estrategia de Adolf Hitler en el manejo de las relaciones del Partido Nacionalsocialista Alemán.

Sobre el tema, Panebianco hace esta reflexión:

> La estructura de las oportunidades en una organización carismática se caracteriza [...] (al igual que en las instituciones fuertes), porque tanto la rivalidad como el reclutamiento de las élites son de tipo centrípeto: el único modo de hacer carrera en este tipo de organización es adecuarse a la voluntad del líder. [...] Los sublíderes y las tendencias se enfrentan entre sí para asegurarse una posición de mayor proximidad al líder. Se trata de un conflicto que tiene por objetivo los «segundos», «terceros» o «cuartos» puestos en la jerarquía del poder, pero no el poder supremo.[19]

En el caso de Morena, la intención deliberada de su líder máximo, de que no haya ninguna autoridad a excepción de la suya, ha hecho que la disputa por el segundo lugar en la jerarquía sea feroz. El caso de la elección de Alfonso Ramírez Cuéllar como presidente interino del partido y el escándalo desatado por la denuncia de malversación de fondos en contra de su antecesora, Yeidckol Polevnsky, hecha por los propios miembros del partido, es solo un ejemplo de la total ausencia de disciplina y lealtad partidistas.

A pesar de que, en términos estatutarios, la circulación de las élites en el partido debería suceder a través de un proceso de elección, el cambio de dirigencia en 2020 mostró dos hechos: que el jefe formal del partido dista de ser su jefe real y que, alrededor del liderazgo carismático de López Obrador, se ha desarrollado una casta cerrada que está impidiendo el acceso de nuevos liderazgos a su círculo interior.[20] Esto se notó particularmente en ese año, cuando se presentaron ocho aspirantes a la presidencia del partido, entre

19 *Ibidem*, pp. 271-272.

20 Rosendo Bolívar Meza, «Movimiento de Regeneración Nacional: democracia interna y tendencias oligárquicas», *Foro Internacional*, *57*(2), 2017, 460-489, doi.org/10.24201/fi.v57i2.2385.

ellos unos nóveles Adriana Menéndez Romero y Gibrán Ramírez, pero donde, de acuerdo con el método de encuestas del partido, los candidatos más populares resultaron ser Porfirio Muñoz Ledo —representante de la vieja guardia militante de izquierda— y el ganador, Mario Delgado —el más cercano al lopezobradorismo—.

El contexto es similar entre los consejos locales del partido y su comité central, lo que crea fuertes tensiones. El escenario perfecto para observar esta ausencia de vínculos orgánicos en Morena fueron las elecciones de 2021, en las que estuvieron en contienda las gubernaturas de 15 estados, 1 063 diputaciones locales, 1 923 presidencias municipales, 2 057 sindicaturas y 14 222 regidurías,[21] además de quinientas diputaciones federales. Para esas elecciones, no se seleccionó como candidatos a fundadores y militantes del partido, sino que se favoreció a personajes conocidos por su militancia en otras organizaciones políticas. Esto desató protestas en Tamaulipas, Guanajuato, Tabasco, Quintana Roo, San Luis Potosí, Estado de México, Hidalgo y Veracruz.

En diciembre de 2020, el Foro Nacional de Militantes de Morena convocó a una conferencia de prensa para denunciar que el dirigente del partido, Mario Delgado, estaba dividiéndolo y violentando los estatutos al favorecer la reelección de diputados federales y desconocer las decisiones tomadas en los comités locales. También lo acusaron de intervenir en la selección de candidatos a gobernadores en Baja California, Nuevo León, Guerrero, Jalisco y Michoacán.[22] A esto se añade un plantón de varios días que militantes de diferentes estados llevaron a cabo en la sede nacional de Morena, para mostrar su inconformidad con el comité central.

---

21 Isaías Ocampo, «Las elecciones de 2021 en números», *Alcaldes de México*, 4 de julio de 2021, alcaldesdemexico.com/notas-principales/las- elecciones-2021-en-numeros/.

22 Antonio López, «Mario Delgado está dividiendo a nuestro partido», *La Razón*, 30 diciembre de 2020, razon.com.mx/mexico/mario-delgado- dividiendo-nuestro-partido-denuncian-morenistas-418004.

> En el interior del PRD se observa un proceso de institucionalización salvaje. Que dentro de un clima de confrontación habitual hay, en efecto, reglas difíciles de entender y principios de convivencia que permiten una estabilidad dentro del caos; que existen códigos que definen los límites de interacción entre corrientes y caudillos, así como la manifestación de expresiones políticas que pueden ir desde férreos principios ideológicos hasta cálculos de un pragmatismo muy elemental.

Sobre este punto, para poder hacer la comparación, hay que establecer una serie de matices con respecto al parecido de Morena y ubicar su clasificación dentro de la tipología de partidos, a fin de encontrar los rasgos que le son únicos. Lo hago a continuación.

Un partido carismático

Al hablar de los *partidos carismáticos*, Angelo Panebianco anota que en ellos se implica la presencia de «un líder que realiza él solo todas las operaciones cruciales en la fundación de la organización: la elaboración de sus fines ideológicos y la selección de la base social». Además de que, por el carácter propio de la organización, «el líder se convierte tanto para los militantes como para los demás partidarios de la organización o por lo menos para la inmensa mayoría, en el único intérprete de la doctrina, además de su símbolo viviente y en el único artífice posible de su realización en el futuro». Afirma que una condición indispensable del poder carismático es una simbiosis entre la personalidad del líder y la identidad organizativa del partido. El partido carismático es, además, una estructura altamente centralizada. La existencia de un liderazgo carismático hace que todas las decisiones clave se concentren en manos del propio líder.[23]

23 A. Panebianco, *Modelos…*, p. 271.

Una de las características que identifican a Morena con los partidos carismáticos es su intención deliberada de presentarse como la negación de lo que representan los partidos existentes; por contraponerse a la oferta convencional, «una solución a la vez movimientista y bonapartista. Y todo ello, respetando o no las reglas del juego constitucional según los fines ideológicos "seleccionados" por el líder».[24]

Panebianco refiere que un partido carismático se acompaña de una serie de principios y creencias, además de un llamado a la acción, los cuales se etiquetan con el nombre del político que ejerce el liderazgo. El lopezobradorismo no es la excepción: se constituye a partir de un jefe carismático, alrededor del cual se da la fusión de una pluralidad de tendencias y personajes muy heterogéneos entre sí, solo por su relación con él y por la adhesión a una «vaga doctrina nacional» que, en este caso, es la de la Cuarta Transformación.

Quintanar describe el proceso de esta manera:

> Las directrices ideológicas de Morena provinieron de diversas aristas y fuentes: no se trataba solo del ideario de un líder político o la reproducción de un proyecto programático partidista expuesto en 2006, sino que partiendo de esos elementos como base, se fue enriqueciendo con aportes de diverso orden (el trabajo de especialistas y académicos, activistas, ciudadanos, etcétera) el cual emerge como articulador social la defensa de la soberanía y la oposición a la corrupción, entendida esta no solo como el tráfico de influencias o el cohecho, sino como un elemento inherente al modelo de liberalización económica, al interpretarse toda privatización en sí misma —por legal y transparente que sea— como un despojo público en pos de un beneficio privado.[25]

24 *Ibidem*, p. 274.
25 H. A. Quintanar Pérez, *Las raíces…*, p. 367.

La vaguedad de la doctrina de la Cuarta Transformación, que se constituye a partir de lo antes dicho, a lo que hay que sumar los marcos de referencia que analicé en el capítulo 1, favorece la existencia de una pluralidad de interpretaciones que incluso llegan a contraponerse. López Obrador, al igual que otros líderes de partidos carismáticos, ha estimulado esta confrontación ideológica, política y estratégica, porque esa división del grupo dirigente crea una serie de tendencias rivales que le garantiza el control del partido e impide la formación de coaliciones en su contra. Estas divisiones le han permitido usar a Morena como un sumiso instrumento a su servicio.

En cuanto a la organización del partido, en Morena la institucionalización salvaje —a la que me referí con respecto al PRD— se convierte en una institucionalización arbitraria. Si bien en la letra existen protocolos que definen su estructura, su funcionamiento real descansa en una pluralidad de organizaciones cuyos propósitos son inciertos o están mal determinados, pero que giran en torno al partido y a su líder. Solo a estos les deben fidelidad, en la medida en que sean capaces de ofrecerles un beneficio político. Los incentivos no están en la militancia como tal, sino en el vínculo coyuntural a través del cual las personalidades locales puedan operar políticamente como mejor les convenga.

Cuando López Obrador fue presidente del PRD (1996-1999), se enfatizó la tendencia habitual de ofrecer la franquicia del partido a personajes de otras organizaciones políticas que tuvieran la posibilidad de darle un triunfo electoral. «En la mayoría de los casos, los candidatos "adoptados" contaban con suficiente capacidad de convocatoria o eran miembros distinguidos en su estado, lo que podía garantizar, de entrada, un alto porcentaje de votos».[26] La estrategia se ha replicado, de manera idéntica y con resultados semejantes en Morena: muchos de los líderes locales que se postularon

26 Yolanda Meyenberg, «PRD. La pugna…», p. 58.

por ese partido han interpretado a su modo el significado de pertenecer a él, y han hecho usufructo del membrete para gobernar de acuerdo con sus propios intereses.

Entre 2006 y 2012, las desavenencias de López Obrador con el PRD se volvieron cada vez más notorias, debido a factores que, al final, resultarían en una escisión dentro del partido y en la formación de Morena, primero como movimiento político y después como partido. Entre los conflictos más importantes están las protestas emprendidas después de perder la elección de 2006, que perredistas de distintas corrientes vieron como excesivas y dañinas para la imagen del partido. Otras cuestiones que crearon tensión fueron la decisión del político de formar lo que denominó su *Gobierno legítimo* y la de recorrer el país para construir una estructura política que lo solventara, sin la anuencia del partido que lo había postulado como candidato.

A esto deben sumarse los acuerdos del X Congreso Extraordinario del PRD y la postura que adoptaría el partido con respecto al gobierno de Felipe Calderón. Sobre esto Quintanar señala:

> La presencia mayoritaria de Nueva Izquierda en el congreso perredista, a propósito de los cambios de la línea política y estatutaria del partido, hacía pensar que la posición proclive a negociar con el PAN y Calderón saldría avante. [...]
>
> La sola obtención de una mayoría absoluta en las posiciones de toma de decisión en el Congreso por parte de Nueva Izquierda, desdeñando a los identificados con la Convención Nacional Democrática, evidenciaban que, si bien el Sol Azteca hacia afuera manifestaba un apoyo verbal al movimiento encabezado por el tabasqueño, al interior de la estructura partidista empezaba a relegársele.[27]

27 H. A. Quintanar Pérez, *Las raíces...*, pp. 191-192.

Episodios como este se repitieron después de que López Obrador perdió la elección de 2012 y el PRD adoptó una política pragmática para mantener su presencia en el país, al entrar en alianzas electorales con los otros dos partidos mayoritarios: PRI y PAN.

A López Obrador se le terminaba la posición privilegiada que había ocupado en el PRD debido a lo que Tucker denomina *carisma de situación*: «un fenómeno determinado no por los componentes mesiánicos de la personalidad del líder sino más bien por un estado de estrés agudo de la sociedad que predispone a la gente a percibir como extraordinariamente calificado y a seguir con lealtad a un liderazgo que ofrece una vía de salvación a esta situación».[28] No obstante, en todos esos años, López Obrador había construido un importante capital político que tenía intención de canalizar a su favor. Así, Morena surgió como un movimiento al servicio de su líder.

Morena el movimiento/partido y el partido del Gobierno

Las fuerzas sociales y políticas convocadas por López Obrador transitaron de la protesta organizada que inició en 2006, hacia la creación de Morena como la base real del movimiento lopezobradorista. Sus objetivos fueron arropar a su líder en el proceso electoral de 2012 y dar continuidad a la lucha por la transformación social que él representaba.[29]

Morena se creó para ser un factor de presión en el proceso electoral de 2012, lo cual lo distingue de los movimientos sociales «puros», cuyo objetivo es transformar de raíz el *statu quo* y por lo general emplean estrategias extrainstitucionales para lograrlo. Se constituyó con pretensiones claras de dejar de ser solo un movimiento y

28 R. C. Tucker, «La Teoría del Liderismo...», p. 81.

29 Andrés Lajous, «Andrés Manuel López Obrador: Y la máquina seguía...», *Nexos*, 414, 2012, pp. 41-49.

conformarse como un partido que llevara a López Obrador a la presidencia por la vía electoral.[30]

Morena provenía, por un lado, de la ruptura con el PRD; por otro, contaba con una base social amplia y creciente, que venía acompañando la travesía de López Obrador desde 2006. Esta era una base social politizada y militante, cuya amplitud y organización eran diferentes a las de los partidos existentes. Esto le daba la oportunidad de construir un partido distinto, en el que se aceptara la lucha electoral como posibilidad de transformar al país.[31]

Si como dice Loaeza, en sus inicios el PRD tenía un tinte populista no explícito,[32] Morena, por el contrario, se asumió de entrada como un movimiento de este corte. En su declaración de principios se establece que:

> Surgió con el propósito de acabar con este sistema de oprobio, con la convicción de que solo el pueblo puede salvar al pueblo y que solo el pueblo organizado puede salvar a la nación. Esto solo será posible con la participación política decidida de los ciudadanos, dotándola de una ética democrática y la vocación de servicio a los demás. [...]
>
> Morena forma parte de las luchas del pueblo de México, en defensa de la soberanía, el patrimonio colectivo, la dignidad, la justicia, la democracia y el bienestar del pueblo. Luchamos por nuestra independencia y defendemos la soberanía nacional.
>
> Somos solidarios con las luchas del pueblo mexicano, en particular, con las de los más excluidos, explotados y humillados como los migrantes, los discriminados, los indígenas y las víctimas de la violencia y de la injusticia.[33]

---

30 H. A. Quintanar Pérez, *Las raíces...*

31 Esta es la opinión de María Luisa Alcalde en la entrevista que dio a Héctor Quintanar en noviembre de 2013.

32 S. Loaeza, «La presencia populista...».

33 Movimiento de Regeneración Nacional, *Declaración de principios de Morena*, 2014, morena.org/wp-content/uploads/2021/09/declaracion-de-principios-de-morena1.pdf.

Morena pudo convertirse en un partido político gracias a que López Obrador ya había cubierto el requisito de penetración territorial, estableciendo los mecanismos de funcionamiento y de control de las agrupaciones locales. El movimiento había constituido toda una estructura nacional que le sirvió para cubrir las formalidades legales necesarias para convertirse en partido. Cabe recordar que, durante su gestión al frente del PRD, se organizaron las Brigadas del Sol, células de activismo político que se formaron, en principio, para defender el voto, pero que después se convirtieron en canales de interlocución entre el presidente del partido y su base.

Aunado a esto, después de que como candidato del PRD perdió las elecciones de 2006, él y sus colaboradores cercanos recorrieron el país para instalar las sedes del *Gobierno legítimo* y para hacer proselitismo político en favor de su Proyecto Alternativo de Nación. Así lo recuerda Quintanar: «las sedes del Gobierno legítimo fungían como "espacios de organización", entendidos como la posibilidad de que los voluntarios integrantes de ese movimiento crearan una estructura territorial y se distribuyeran funciones, actividades y responsabilidades para atender y reaccionar en función de las coyunturas políticas».[34]

Según los datos de Muñoz y Méndez, citados por Rosendo Bolívar Meza, al momento de registrarse como asociación civil, Morena contaba con 2 217 comités municipales y 30 453 seccionales, integrados por 179 000 dirigentes y por cuatro millones de inscritos al movimiento como «protagonistas del cambio verdadero», término que, desde su creación, Morena utiliza en sus documentos básicos para denominar a sus afiliados.[35]

---

34 H. A. Quintanar Pérez, *Las raíces…*, p. 246.

35 Rosendo Bolívar Meza, «Morena: el partido del lopezobradorismo», *Polis*, *10*(2), 2014, pp. 71-103; Adolfo Sánchez, «Una izquierda para la mayoría», *Nexos*, 418, 2012, pp. 20-21.

Esto no quiere decir que este sea un partido con una institucionalización fuerte. Ya mencioné que Morena desarrolló una institucionalización arbitraria, a partir de grupos locales surgidos espontáneamente o de organizaciones preexistentes que se reconocen en el líder y se someten a él. El propio carácter carismático de la organización generó esta propensión. Como indica Panebianco, «el carisma personal está generalmente asociado a fuertes resistencias a la institucionalización. El líder no tiene en efecto interés en favorecer un reforzamiento de la organización demasiado acentuado porque inevitablemente sentará las bases para una "emancipación" del partido de su control».[36]

Bolívar Meza y Sánchez coinciden[37] en otorgar el papel central de Morena a López Obrador, al cual consideran un líder fuerte, con una intuición política propia y carente de contrapesos, que fue capaz de presentarse como la mejor opción política para un tercio del electorado. A esto añaden un factor que fue determinante en su triunfo de 2018: su capacidad para canalizar, por un cauce pacífico, la indignación y el agravio social que se habían venido acumulando, debido a la ineptitud de los Gobiernos que le antecedieron para dar solución a los problemas prioritarios y a la incontrolable corrupción en las élites política y económica.

Ya analicé la manera en que el marco lopezobradorista retoma muchas de las causas que en su momento defendió Lázaro Cárdenas, el primer presidente que pensó en el pueblo como actor protagónico de su relato. Con el éxito del cardenismo, se desarrolló en México una mentalidad populista, proclive a preferir el liderazgo de políticos que ofrecen un ejercicio paternalista y benigno de la autoridad.[38] Este es otro de los factores del éxito de López Obrador.

Al exponer las similitudes entre el cardenismo y el lopezobradorismo señalé que ambos políticos crearon un partido a la medida;

36 A. Panebianco, *Modelos…*, p. 136.

37 R. Bolívar Meza, «Morena: el partido…».

38 S. Loaeza, «La presencia populista…».

no obstante, el PRM de Cárdenas se diseñó para establecer un vínculo orgánico con los distintos sectores de la población que habían resultado triunfantes en la Revolución, los cuales precisaban de una institución que los organizara y que les diera voz. De ahí su corporativismo, que ha sido tan estudiado como una de las razones de que el Partido Revolucionario Institucional (PRI) permaneciera en el poder por más de setenta años, y que derivó de un sistema de cooptación y representación de las demandas de estos grupos en una sociedad mucho más homogénea que la actual. Morena, sin embargo, no muestra la misma capacidad, ya que, pese a que en el papel su estructura pretende integrar a la pluralidad de grupos sociales que se han ido sumando al proyecto de cambio de López Obrador, en la práctica su eficacia dista mucho de la de un partido con el nivel de cohesión del PRM. Tampoco cuenta con un sólido andamiaje del que se pueda servir el Gobierno para poner en marcha su proyecto de transformación social; esto es lo que ha relegado al partido a ser una mera *maquinaria electoral* que se pone en marcha cuando es necesario.

En sus inicios, Morena construyó espacios de interlocución entre los «protagonistas del cambio» con miras a incorporar ideas y formas de acción a la propuesta del Nuevo Proyecto de Nación de López Obrador. A diferencia de la visión corporativizada del PRM, Morena intentó articular a actores que mostraban preocupaciones muy puntuales de la vida cotidiana con otros cuya consigna era la defensa de lo que Ingelhart denominó *valores postmaterialistas*,[39] basados en la búsqueda de una mejor calidad de vida —preservación del medio ambiente, defensa de los derechos de las mujeres y desarrollo de nuevos hábitos, como la sana alimentación, el ejercicio y el cultivo del espíritu.

39 Ronald Ingelhart, *The Silent Revolution: Changing Values and Political Styles Among Western Publics*, Princeton University Press, 1977.

En la estructura de los partidos se observa una configuración definida de la base social —a partir de los propósitos establecidos en su programa de acción—, que a su vez va a delimitar las tareas de cada uno de los miembros al interior de la organización.[40] Con ese fin, en Morena se constituyeron secciones destinadas a lograr metas económicas y políticas específicas.

En el ámbito económico, el bastión de lucha en contra del neoliberalismo fue Morena Laboral. Se integró por algunos de los sindicatos emblemáticos de la era del PRI corporativo, cuya misión era desmantelar las políticas y la legislación de los Gobiernos neoliberales. Asimismo, luchar por una política de bienestar que favoreciera a los sectores sociales excluidos por ese modelo económico. Con las organizaciones campesinas se suscribió el Plan de Ayala del siglo XXI, que sentaba las bases de un nuevo modelo de desarrollo rural con miras a lograr la soberanía alimentaria; la reorientación del gasto público hacia pequeñas unidades de producción; el comercio para el desarrollo de las comunidades campesinas, y la garantía de una vida libre de violencia.

En el terreno postmaterialista, los jóvenes fueron interlocutores a los que el movimiento otorgó gran importancia. El comité Morena Jóvenes y Estudiantes (Morenaje) se concibió como organización nacional conformada por quienes se podrían convertir en los futuros cuadros políticos, responsables de concluir la transformación del país. Por su lado, Morena Cultura tenía la tarea de promover la cultura como la semilla de un cambio civilizatorio en defensa de la paz, la igualdad y la justicia. En cuanto a la defensa del medio ambiente, Morena Verde proponía, entre otras cosas, promover la transición energética hacia recursos renovables, el manejo adecuado de los bosques y de los recursos acuíferos, así como el fomento del cultivo de productos orgánicos.[41] Por su parte, Morena

40 A. Panebianco, *Modelos…*

41 R. Bolívar Meza, «Morena: el partido…», pp. 77-80.

Mujeres reivindicaba la no discriminación y tenía como prioridad las tareas de erradicar la violencia machista en contra de las mujeres, desarrollar campañas de empoderamiento y respeto hacia las mujeres, además de garantizar su protección ante alguna situación vulnerable.

A fin de convertir estos propósitos en acciones políticas, la estructura organizativa del partido:

> En un inicio se conformó con cuatro comisiones operativas. La primera fue la de organización y vinculación, destinada a formar comités estudiantiles en universidades, escuelas y centros de reunión y armar el padrón electoral, además de distribuir el periódico *Regeneración*, órgano oficial de Morena. La segunda fue la de comunicación y difusión, con la función de actuar en las redes sociales, páginas web y generación de contenidos para su difusión a través de Internet, además de construir espacios y relaciones para posicionarse en todos los medios. La tercera fue la de finanzas y eventos, cuya labor sería la organización de conciertos, bailes y actos culturales, así como círculos de reflexión y conferencias relacionados con los temas de interés de los jóvenes. La cuarta fue la de análisis y contenidos, que tuvo como finalidad conjuntar propuestas de jóvenes y estudiantes para llevarlas a la mesa y enriquecer su proyecto de nación.[42]

Todo esto, que fue muy útil en la etapa de su evolución de movimiento a partido, ha pasado a ocupar un plano protocolario en la nueva fase de Morena.

En el 2018, la estructura de oportunidades políticas —de la que se habla en la teoría de los movimientos sociales—[43] fue lo que

42 *Ibidem*, p. 78.

43 Dough McAdam, «Political Opportunities: Conceptual Origins, Current Problems, Future Directions», en Dough McAdam, John D. McCarthy y Mayer N. Zald, (coords.), *Comparative Perspectives on Social Movements: Political Opportunities, Mobilizing Structures, and Cultural Framings*, pp. 23-40, Cambridge University Press, 1996.

propició el triunfo de Morena, ya que el malestar social generalizado contra los partidos políticos tradicionales abrió una ventana de oportunidad para que el nuevo partido capitalizara el descontento. Así, López Obrador obtuvo un porcentaje muy por encima de sus dos anteriores intentos de obtener la presidencia. Otra ventana de oportunidad en 2018 fue la debilidad de sus contrincantes; si en 2012 careció de contrapesos en la izquierda, para este proceso electoral se observaba su ausencia en toda la gama del espectro político.

Morena llegó al poder cuatro años después de su fundación. Al transformarse en partido pasó de descansar en el sistema de solidaridades que le fue característico a inicios del movimiento a convertirse en el sistema de intereses que ya he descrito. Esto coincide con otra de las características que Panebianco atribuye a los partidos carismáticos en el poder: ser organizaciones dominadas por los hombres del Gobierno y por los parlamentarios, con una bajísima participación de afiliados y electores.[44] Pese a que Morena se define como un partido del pueblo, sus cifras distan mucho de ser representativas del total de la población del país. Basta con mencionar que, al momento de escribir esto, contaba solo con 466 931 afiliados.

El verdadero centro de gravedad del partido se encuentra en los órganos de dirección de su grupo parlamentario y en los hombres prominentes del Gobierno, todos ellos bajo las órdenes del presidente López Obrador.

El círculo cercano o la coalición dominante de Morena[45] está constituida por un reducido número de políticos e intelectuales que han acompañado a su líder desde el inicio de su travesía. Rosendo Bolívar Meza registra[46] que, en su constitución como partido, tuvo como consejeros a Elena Poniatowska, Luisa María Alcalde, Rosario

---

44 A. Panebianco, *Modelos…*

45 Maurice Duverger, *Los partidos políticos*, México, FCE, 1957; A. Panebianco, *Modelos…*

46 R. Bolívar Meza, «Morena: el partido…», p. 94.

Ibarra de Piedra, Layda Sansores, Jaime Cárdenas, Alejandro Encinas, Ricardo Monreal, Raquel Sosa, Andrés López Beltrán, Pío López Obrador, Lorenzo López Obrador, Jesusa Rodríguez, Pablo Moctezuma Barragán, René Drucker, César Yáñez, Genaro Góngora Pimentel, Héctor Díaz Polanco, Arnaldo Córdova, Lenia Batres, Julio Scherer Ibarra, Enrique Dussel, Pedro Miguel, Alfredo Jaliffe, Carlos Payán, Claudia Sheinbaum y Laura Esquivel. Aunque algunos de ellos han marcado distancia y otros ya murieron, entre ellos se encuentran operadores en distintas esferas de la política: en el Congreso, en la función pública, en los Gobiernos de los estados, en el manejo de la estructura del partido, en la movilización de simpatizantes. Asimismo, hay otros protagonistas que deben sumarse a este círculo selecto: Mario Delgado, Martí Batres, Citlali Hernández, Rosario Piedra Ibarra, Bertha Luján, Tomás Pliego, José Agustín Ortiz Pinchetti, Bernardo Bátiz y Clara Brugada.

En noviembre de 2015, cuando López Obrador se convirtió, por unanimidad, en presidente nacional de Morena, con la aprobación de la mayoría de los delegados que asistieron al Segundo Congreso Nacional, gente cercana a él ocupó las veinte carteras del Comité Ejecutivo Nacional. De acuerdo con datos de Bolívar Meza:

> Yeidckol Polevnsky se convirtió en secretaria general; Alejandro Esquer, en secretario de finanzas; César Yáñez obtuvo el cargo de comunicación, difusión y propaganda; Gabriel García, el de organización; Mauricio Hernández, el de educación, formación y capacitación política; Héctor Vasconcelos, el de la secretaría de mexicanos en el exterior y la política internacional; Hugo Alberto Martínez, el de defensa de los recursos, la soberanía, el medio ambiente y el patrimonio nacional; Carlos Alberto Figueroa, el de defensa de los derechos humanos; José Magdaleno Rosales, el de estudios y proyectos de la nación; Martín Sandoval, el de fortalecimiento de ideas y valores espirituales y cívicos; Isaac Martínez dedicaría su atención a los jóvenes; Karen Arriaga, a las mujeres; Marco Antonio Villanueva, a la diversidad sexual; Armando

> Contreras, a indígenas y campesinos; y Carlos Alberto Evangelista, al combate de la corrupción.[47]

En el gobierno, Morena ha sumado a su carácter carismático los rasgos de un *partido dominante*, definido por Sartori como uno ubicado dentro de un sistema competitivo, pero con la capacidad no solo de mantenerse en el poder, sino de acaparar cargos de representación, factor que lo deja en una posición muy ventajosa en la toma de decisiones. Pese a que, debido a su «juventud», Morena no cumple aún con el requisito de haber mantenido el poder por más de cuatro elecciones consecutivas para tener el carácter de hegemónico, sí muestra su dominio en el ámbito electoral, en las decisiones del Poder Legislativo y en el control del gobierno.[48]

En términos numéricos, de su fundación a la fecha, su fuerza electoral ha sido la siguiente: en la elección intermedia de 2015, a un año de fundado, obtuvo sus primeras 35 curules. En la elecciones de 2018, López Obrador ganó la presidencia con 53.19% de los votos; como parte de la coalición Juntos Haremos Historia, Morena alcanzó 252 asientos en la Cámara de Diputados y 60 en el Senado de la República; esto, sumado a los resultados de sus aliados —Partido del Trabajo (PT), 44 diputados y 6 senadores; Partido Encuentro Social (PES), 23 y 4, respectivamente—, le daba una mayoría absoluta: 61% en la Cámara de Diputados y 54% en el Senado.

En las elecciones intermedias de 2021, Morena ganó 201 diputaciones; sus aliados, el Partido Verde Ecologista de México (PVEM), 43, y el PT, 33. Por ende, cuenta con 277 posibles votos para aprobar las reformas que el presidente envíe al Congreso. En cuanto a su presencia nacional, Morena ganó 11 de las 15 gubernaturas de la

47 R. Bolívar Meza, «Movimiento de Regeneración…», pp. 480-481.

48 Héctor Tejera Gaona y Emanuel Rodríguez Domínguez, «Las paradojas de la democracia: partido dominante, gobierno y redes políticas en la Ciudad de México», *Estudios Sociológicos*, 33(98), 2015, pp. 375-408, scielo.org.mx/scielo.php?script=sci_arttext&pid=S2448-64422015000200375&lng=es&nrm=iso.

contienda de ese año, con lo cual gobernaba ya en 17 de los 32 estados de la república y en 19 congresos locales obtuvo mayoría.

El éxito del partido se repitió en los comicios de 2022, al ganar cuatro de seis gubernaturas: Quintana Roo, Hidalgo, Tamaulipas y Oaxaca. Así extendió su control a 21 estados de la república. Con ello, se acrecientan sus posibilidades de mantener la Presidencia de la República en 2024.

Retomemos los marcos

El proceso de intento de desafuero generó la situación ideal para dar visibilidad a un incipiente marco lopezobradorista: no solo presentó a López Obrador como mártir —a merced de los enemigos de la democracia—, sino que también generó un eco nacional de su muy particular manera de ver la realidad política del país. Ese inicio de su travesía propició, como ya he mencionado, un *puente entre marcos* —concepto que retomo de Snow y Benford—.[49] Este se dio por la coincidencia de objetivos entre diferentes organizaciones, colectivos y voces individuales que vieron una oportunidad para integrar un amplio movimiento contestatario en el país, tras suponer, primero, que el Gobierno de Vicente Fox intentó evitar la participación de Obrador en el proceso electoral de 2006 y, posteriormente, organizó un fraude en su contra. Como dije, esos grupos, a pesar de su diversa índole, se articularon alrededor de su liderazgo; con ello se creó un fondo común de sentimientos no movilizados,[50] que encontró en la capacidad de articulación de López Obrador una base organizativa para canalizar sus reclamos. A través de la movilización de todos estos actores, los marcos de referencia se

49 D. Snow y R. Benford, «Ideology. Frame Resonance…».
50 John McCarthy, «Pro-Life and Pro-Choice…».

convirtieron en acicates para establecer los cimientos de una causa en común.

Morena, como movimiento, acudió al marco populista para interpelar a sus potenciales seguidores. Los populistas se autoperciben como: «portadores de una misión moralizadora, reivindican la autenticidad de las tradiciones profundas del pueblo, denuncian conspiraciones de fuerzas externas y poderosas en contra del mismo pueblo, son antielitistas, anticapitalistas, antiliberales y xenófobos. Su premisa fundamental es que la gente sencilla representa a la aplastante mayoría de la población y sus tradiciones colectivas son depositarias de la virtud».[51]

El éxito del populismo consiste en ofrecer una causa común a actores con muy diversos intereses y maneras del ver el mundo, al encontrar al enemigo también común a de todos ellos. López Obrador propuso dos enemigos perfectos: las élites neoliberal y partidocrática; la primera por ser la saqueadora del patrimonio del pueblo y la segunda por represora de la voluntad democrática.

Si el antielitismo es uno de los rasgos del encuadre populista, López Obrador va un paso más allá con el fin de legitimar la manera en que se toman las decisiones dentro del partido: argumenta que la mejor forma de ejercer la democracia es la soberanía popular, que se debe expresar a través de ejercicios de democracia directa. En Morena, esta relación directa entre el líder y los seguidores es considerada moralmente superior a cualquier forma de representación institucionalizada.

La pregunta que surge de lo que he expuesto aquí es: ¿qué tanto alcanza el proceso de enmarcado para lograr la permanencia del partido y la consolidación de la narrativa del movimiento? En el principio de este capítulo señalé la importancia de mantener vivas las emociones entre los seguidores, porque la intensidad de las emociones es el motor de la movilización de las acciones colecti-

---

51 S. Loaeza, «La presencia populista...», p. 367.

vas, ya sea institucionales, como el voto, o extrainstitucionales, como las manifestaciones en favor del partido o del líder.

El tránsito de Morena —de movimiento y partido a partido del gobierno— ha mostrado que el tipo ideal populista, tan eficaz para las movilizaciones contestatarias, puede resultar insuficiente al intentar traducirlo en un parámetro de distribución de potestades partidistas y de poder público. Esto, aunado al perfil carismático del partido, puede llevar a una ausencia de cohesión interna que impacte, en el mediano y largo plazos, la capacidad de convocatoria con la que cuenta ahora. En el ámbito persuasivo, se tiene que tomar en cuenta que las creencias y las expectativas de los correligionarios cambian con el tiempo; que los marcos pueden perder resonancia en relación con la percepción de los problemas, la eficacia de la participación y la fe en las capacidades extraordinarias del líder.[52]

En lo que respecta al liderazgo carismático de López Obrador, al lopezobradorismo y a Morena, podemos rescatar la idea de rutinización del carisma que Panebianco tomó de Weber:

> Una vez que desaparece la situación inicial de *statu nascenti* que generó el carisma (y que se nutría de él), los seguidores terminan por desarrollar sus propios intereses en la estabilidad de las retribuciones: la rutina se abre camino y las expectativas que suscita sustituyen al inicial espíritu de misión. Si el carisma se desvanece (porque el líder ya no pasa «la prueba», el éxito deja de sonreír al movimiento y se acaba la confianza en el «estado de gracia» del líder) y ello se produce en una situación en la que el propio líder ha actuado deliberadamente para impedir la «rutinización» (con el fin de no perder el control absoluto que ejercía hasta ese momento) la consecuencia es el final puro y simple del movimiento, y la disolución de la organización.[53]

52 D. Snow y R. Benford, «Ideology. Frame Resonance...»; Erving Goffman, *Frame Analysis*...

53 A. Panebianco, *Modelos*..., p. 270.

Capítulo 4

Catorce años en la narrativa de AMLO

El proceso de enmarcado contempla siempre una intención persuasiva ya que, para que el público suscriba la interpretación de la realidad que se le ofrece a través de la construcción de marcos mentales, es preciso que entienda y respalde su contenido.

La persuasión parte de la idea de interacción.[1] En ella se observa una serie de acciones intencionadas de comunicación, como la alocución, el debate, la deliberación y la ponderación de alternativas que ofrecen las soluciones más atinadas para los problemas sociales y políticos que se consideran apremiantes.[2] Su objetivo es convencer de su versión de la realidad —es decir, de su relato— como la más cercana a lo que sus interlocutores piensan y creen, para así convertirlos en sus adeptos.

La persuasión es una comunicación premeditada, consciente y con metas preestablecidas, que tiene como propósito influir y convencer al mayor número de personas posible.[3] Los propósitos per-

1 V. Jowett y G. O'Donnell, *Propaganda…*

2 Anthony Pratkanis y Marlene Turner, «Persuasion and democracy: Strategies for increasing deliberative participation and social change», *Journal of Social Issues*, *52*(1), 1996, pp. 187-205.

3 Kenneth Andersen, *Persuasion: Theory and Practice*, Boston, Allyn & Bacon, 1971; Erwin Bettinghaus, *Persuasive Communication*, Nueva York, Holt Rinehart and Winston, 1973; Robert Bostrom, *Persuasion: Englewood Cliffs*, Prentice Hall, 1983; Thomas M. Scheidel, *Persuasive Speaking*, Illinois, Scott Foresman, 1967; M. J. Smith, *Persuasion and human action: A review and critique of social influence theories*, California, Wadsworth, 1982.

suasivos pueden ser de distinta índole; por ejemplo, puede que se busque reforzar una creencia o, por el contrario, conseguir un giro drástico de opinión y de comportamiento.[4]

En política, una de las herramientas persuasivas más eficaces es el discurso, porque da cuenta de una versión de la realidad que se narra a partir de códigos de interpretación específicos; invita a los oyentes a unirse a una convocatoria de acción, que puede ser votar por un candidato, formar parte de un movimiento de cambio, defender una causa social o política, o alzar la voz ante la violación de algún derecho.

La persuasión también está asociada con el liderazgo, porque los atributos y la narrativa del líder son factores importantes para conseguir adeptos. En un capítulo anterior hice referencia al repertorio de puntos de observación desde los cuales se puede entender el liderazgo de López Obrador; ahora presentaré los rasgos distintivos de su narrativa.

Una de las acepciones que la Real Academia Española le otorga a la *narrativa* es la «habilidad o destreza en narrar o en contar algo». La narrativa política toma prestados los elementos del relato literario y los adapta a su objeto de acción para contar de una manera ágil, atractiva y emocionante un diagnóstico sobre los acontecimientos que tienen que ver con el poder, la autoridad, la gestión pública y el control.

Uno de estos elementos es la *confianza en el narrador*; esto quiere decir que quien hace el relato lo debe construir de tal manera que el público crea que lo que está contando es la verdad. En política, la mayoría de las veces, el relator es también el protagonista de la historia o de las historias. Lo que hay que tener en consideración es que sea un personaje consistente con el arquetipo que eligió representar y con lo que dice defender.

El lenguaje es fundamental para que el relato sea atractivo y convincente. Lo que los escritores de discursos aconsejan es concreción

4 Orlando D'Adamo, Virginia García Beaudoux y Flavia Freidenberg, *Medios de comunicación y opinión pública*, Madrid, McGraw-Hill, 2007.

y simplicidad en el uso de las palabras, para que no haya confusión sobre su significado. Además de esto, hay que seleccionar con cuidado los detalles que se incorporarán a la historia, para captar el interés del público y fomentar las expectativas de lo que sucederá después.

Todo relato requiere tomar en cuenta a sus destinatarios y desarrollarse a partir de un diálogo imaginario con los interlocutores; de esta manera conseguirá el alcance persuasivo que se propone.

Las narraciones se construyen con una lógica que puede esquematizarse a partir de las siguientes preguntas:[5]

- ¿Cuál es el tema «con mayúsculas» o de qué gran tema principal voy a hablar?
- ¿Qué voy a contar, cuál es mi guion?
- ¿Cómo lo voy a contar?
- ¿Qué es lo que tengo que resolver: cuál es la incógnita, el conflicto o el dilema del asunto?
- ¿Qué es lo quiero que se lleve en mente el receptor del discurso: una reflexión, una moraleja?

Veamos, pues, cómo se ha ido armando el rompecabezas del conjunto de relatos que constituyen la narrativa de López Obrador, que van desde las historias sobre las penurias de un mártir hasta los cantares sobre las gestas del héroe, pasando por un repertorio de palabras evangelizadoras con las que ha ofrecido una visión de su misión política y de su travesía para alcanzarla.

El mártir de la democracia

El 18 de mayo de 2004, la Procuraduría General de la República envió a la Cámara de Diputados una solicitud para desaforar al

5 José Antonio Lugo, *Apuntes de taller de narrativa*, México, Archivo Personal, 2011.

entonces jefe de Gobierno del Distrito Federal, Andrés Manuel López Obrador, fundamentada en el incumplimiento de una sentencia de un juicio de amparo. Fue esa solicitud lo que le dio visibilidad nacional: pasó de ser un personaje popular solo en la capital a uno conocido y comentado en todo el país. A partir de entonces decidió adoptar, con gran acierto, los arquetipos de víctima del poder y mártir de la democracia.

La historia que construyó en torno a su desafuero fue muy convincente: todo era un complot en su contra, tramado por la élite en el poder, que quería quitarle su derecho a competir en las elecciones federales. Defendió su causa como la lucha entre el bien —la democracia— y el mal —la prepotencia, la injusticia y la ilegalidad—. Se presentó como un mártir político acosado por los enemigos del cambio verdadero: Carlos Salinas de Gortari, Vicente Fox, el PRI, el PAN y los poderes fácticos. Explicó los hechos de manera sencilla y concreta: se le quería culpar de desacato por abrir el paso a un hospital y haber violado supuestamente el auto de suspensión provisional de un amparo. Se dijo dispuesto a ir a la cárcel y puso a la sociedad en una disyuntiva: o estás conmigo, que represento la verdad y la esperanza, o apoyas a los poderosos, corruptos y ladrones, que llevan a México por la senda del mal.[6]

Él mismo se refirió al hecho, seis años después, narrándolo de esta manera:

> La misión principal de Salinas, desde luego, era tratar de enfrentarnos y destruirnos. En el caso de los videos dados a conocer por Televisa, donde aparecen Gustavo Ponce y René Bejarano cometiendo actos de corrupción, Salinas fue quien armó toda esta lanzada en mi contra, tratando de involucrarme. Al no poder destruirme políticamente con el escándalo de los videos, Fox y Salinas emprendieron juntos

6 Yolanda Meyenberg y Rubén Aguilar, *La comunicación presidencial en México (2000-2012)*, México, IIS UNAM-Gobierno de Coahuila, 2016.

> la embestida para desaforarme como jefe de Gobierno de la Ciudad de México.[7]

El relato logró su cometido, ya que no solo sus seguidores, sino muchos otros ciudadanos se convencieron de la existencia de un complot en su contra, para impedirle aspirar a la presidencia en las elecciones federales de 2006.

Como todo buen relato, el episodio del desafuero se desarrolló en un escenario de conflicto, en el que López Obrador manejó con pericia un repertorio de emociones que interpelaron a distintos públicos. En su comparecencia ante el Congreso, el 7 de abril del 2005, se apegó al arquetipo que había elegido para su defensa:

> Muy poco voy a argumentar en términos jurídicos sobre la falsedad de este juicio. Hemos reiterado nuestra defensa en reiteradas ocasiones. Solo diré que no he violado la ley, que jamás he actuado en contra de la justicia y nunca ha sido mi intención hacerle mal a nadie. [...]
>
> El dolo y la mala fe es de quien me acusa, de quienes me acusan. Tengo la conciencia tranquila. Desde hace muchos años que lucho por mis ideas y lo hago apegado a principios, uno de estos es precisamente, hablar con la verdad y conducirme con rectitud. Tengo la certeza absoluta de que no se me juzga por violar la ley sino por mi manera de pensar y actuar, y por lo que pueda representar, junto con otros mexicanos, para el futuro de nuestra patria. [...]
>
> Quienes me difaman, calumnian y acusan son los que se creen amos y señores de México. Son los que en verdad dominan, mandan en las cúpulas del PRI y del PAN. Son los que mantienen a toda costa una política antipopular y entreguista. [...]
>
> Diputadas y diputados, con sinceridad les digo que no espero de ustedes una votación mayoritaria en contra del desafuero. No soy

7 A. M. López Obrador, *La mafia que se adueñó...*, p. 41.

> ingenuo. Ustedes ya recibieron la orden de los jefes de sus partidos y van a actuar por consigna, aunque se hagan llamar representantes populares. [...]
>
> Ustedes me van a juzgar, pero no olviden que todavía falta que a ustedes y a mí nos juzgue la historia.[8]

Durante la «Marcha del silencio», el 24 de abril de 2005, López Obrador pronunció un discurso en el Zócalo,[9] en el que expresó que sus adversarios pretendían inhabilitarlo políticamente de manera arbitraria, lo cual, en los hechos, era una intención de apropiarse del derecho del pueblo a elegir. Acusaba que sus adversarios querían decidir «desde Los Pinos, como antes», aludiendo al régimen priista, sobre quién podría participar o no en las elecciones de 2006, lo que era un agravio y un retroceso para la incipiente democracia mexicana.

A pesar de sus acusaciones, también propuso un pacto con todos los sectores a fin de construir, juntos, el modelo de país que, a su pensar, reclamaban los mexicanos. Aclaró que, aunque hubiera quienes pensaran distinto, esto no sería razón para odiarlos; que no buscaría venganza y sería absolutamente respetuoso de los adversarios y del derecho a disentir; que nunca apostaría a destruir a sus adversarios, porque la gran tarea de transformación que reclamaba el país requería tolerancia, acuerdos, concordia. Los exhortó a que rectificaran y depusieran sus actitudes de encono y descalificación. Prometió que ellos no dañarían a México y declaró su amor profundo por el país y su empeño en «rescatarlo», en llevarlo adelante para honrar tanto su historia de grandeza como la generosidad de su pueblo.

---

8 Cámara de Diputados del Honorable Congreso de la Unión, LIX Legislatura, «Versión estenográfica de la sesión de la Cámara de Diputados erigida en Jurado de Procedencia», 7 de abril de 2005, cronica.diputados.gob.mx/Estenografia/LIX/2do/2or2/abr/070405.html.

9 Ángel Bolaños, «Ni los más sucios políticos podrán manchar la política: López Obrador», *La Jornada*, 25 de abril de 2005, jornada.com.mx/2005/04/25/index.php?section=politica&article=003n1pol.

Dijo además que no planteaba el establecimiento de un Estado autoritario, de mano dura, del predominio de un poder sobre otros, ni el encarcelamiento de políticos o gobernantes, como propagandísticamente, según él, sugerían sus adversarios: «El presidente de la república debe actuar como hombre de Estado, como estadista, y no comportarse como jefe de partido, de facción o de grupo. El presidente debe representar a todos los mexicanos, debe ser factor de concordia y de unidad nacional, y no puede utilizar a las instituciones de manera facciosa ni para ayudar a sus amigos ni para destruir a sus adversarios».[10]

En cuanto al Proyecto Alternativo de Nación, afirmó que era posible transformar la realidad con solo el empuje de la sociedad, aunque se avanzaría más y de manera menos conflictiva si se pactasen compromisos con los diversos actores de la vida pública. Aclaró que el cambio que proponía no significaba el retorno al control del Estado, pero tampoco la adopción sumisa de las políticas neoliberales, ineficaces y deshumanizadas.

Propuso el desarrollo de una nueva convivencia social, con menos desigualdad y más justicia y dignidad a través de un Estado que cumple su responsabilidad social, de un Estado de bienestar.

> Creemos firmemente en que se puede alcanzar una sociedad mejor. La propuesta que tenemos es establecer en el país un Estado de bienestar, un Estado igualitario y fraterno, en el que los pobres, los débiles y los olvidados encuentren protección ante incertidumbres económicas, desigualdades sociales, desventajas y otras calamidades, y donde se pueda vivir sin angustias ni temores. [...]
>
> En ese Estado igualitario y fraterno debe hacerse efectivo el derecho constitucional a la alimentación, al trabajo, a un salario justo, a la salud, a la educación, a la cultura, que es nuestra fuerza de identidad, y el derecho a la vivienda.[11]

10 *Idem.*
11 *Idem.*

El apoyo masivo a López Obrador hizo consciente al presidente Vicente Fox de las consecuencias que habría si se mantenía la intención de desaforarlo y someterlo a juicio. En las críticas de la opinión pública hacia el mandatario «de la alternancia», se retomaban los argumentos del jefe de Gobierno de la ciudad en el sentido de que el desafuero se trataba de un acto de abuso de poder y en perjuicio de la democracia. A fin de justificar la decisión de presidencia de retractarse, días después de la marcha, Fox emitió un mensaje a la nación en el que anunció la dimisión del entonces titular de la Procuraduría General de la República. Explicó que esa institución revisaría de manera exhaustiva el expediente del caso contra el jefe de Gobierno del Distrito Federal, para preservar la mayor armonía política del país.

En un intento por calmar los ánimos, a principios de mayo, Fox invitó a López Obrador a Los Pinos; el testimonio del encuentro es una fotografía en la que ambos se dan la mano con incomodidad. A su salida, López Obrador declaró que la reunión había sido razonablemente buena, productiva, que tuvo tiempo para exponer sus argumentos; que se sentía tranquilo; que no hubo reproches de ninguna especie y que habían hablado con la verdad.

Primera fase de la travesía

En su primer intento por ser presidente de la república, López Obrador parecía seguro de que lo iba a lograr. La imagen que había creado, de un político sensible a los problemas de los sectores menos favorecidos de la sociedad, durante su mandato como jefe de Gobierno del Distrito Federal, y el haber adoptado los arquetipos de víctima de la élite en el poder y mártir de la democracia lo llevaban a pensar que el imponente apoyo que había recibido de los habitantes de la capital se trasladaría de forma automática al resto del país.

En ese cargo, López Obrador había tomado la atinada decisión de convocar a los medios de comunicación a una conferencia de prensa matutina que, a la vez que usaba como instrumento para hacer propaganda en favor de su proyecto político y para informar sobre los resultados de su administración, era también su espacio de confrontación con quienes no estaban de acuerdo con su forma de gestionar la ciudad.

A raíz del intento de desafuero, su discurso adoptó el tono conspiracionista que ha mantenido a lo largo del tiempo. No obstante, en la campaña de 2006, decidió matizarlo sin abandonar sus causas más emblemáticas. Como personaje, López Obrador trataba de dar la imagen de un hombre movido por una vocación de servicio usando frases —semejantes hasta ahora— en las que afirma que no lo mueve la ambición al poder o al dinero, porque: «el poder solo tiene sentido, y se convierte en virtud, cuando se pone al servicio de los demás».[12]

En aquel tiempo también se mostraba como un político dispuesto a moverse dentro de los márgenes de la ley. Así lo dijo durante su participación en el foro Diálogos por México, organizado por Televisa: «Quiero aprovechar para aclarar que soy respetuoso del Estado de Derecho, no soy autoritario, soy demócrata. Desde luego, no me gusta quedarme callado, no soy partidario de la doctrina del "sí señor". Ahora sí, ni me voy a dejar, no, ni me voy a rajar, pero eso no significa que no sea respetuoso de la legalidad».[13] Ahí también hablaba ya de su idea de emprender una verdadera transformación del país con dos propósitos principales: disminuir la desigualdad económica y social, y combatir a fondo la corrupción. Lo verbalizaba así:

> Estamos impulsando un proyecto nuevo, un proyecto alternativo de nación. Tenemos convicciones, tenemos principios. Sabemos que es necesario, por el bien de todos, atender a la gente humilde, a la gente

---

12 *Diálogos por México*, México, Nuevo Siglo Aguilar-Televisa, 2006, p. 100.

13 *Ibidem*, p. 97.

> pobre. Darle la mano al que se quedó atrás, al que se ha quedado rezagado, para que se empareje y empecemos a caminar todos juntos, [...] yo creo que a todos nos conviene que se combata la pobreza, que se combata la desigualdad económica y la desigualdad social. Solo así vamos a poder serenar a la sociedad... Si queremos que haya crecimiento económico, si queremos que haya progreso, si queremos vivir en una sociedad con tranquilidad, necesitamos voltear a ver de manera humana a la gente pobre, a la gente que lo necesita.[14]

Desde siempre, el actor protagónico del cambio, en el discurso de López Obrador, ha sido el pueblo, al que adjudica un importante potencial de movilización: «si el pueblo se decide, si el pueblo se organiza, se moviliza, vamos a lograr una verdadera transformación, y lo tenemos que hacer por nosotros y por las nuevas generaciones. México y su pueblo merecen un mejor destino».[15]

El entonces candidato del PRD a la presidencia adoptó como lema de su campaña la frase: «Por el bien de todos, primero los pobres». A partir del cual, dibujó la imagen de un México indignado por las injusticias sociales: «Vamos a atender a todos, vamos a escuchar a todos, vamos a respetar a todos, pero la preferencia la van a tener los humildes, la van a tener los pobres del país. No solo por cuestiones humanitarias, también para serenar a la sociedad. Tenemos que atender a fondo el problema de la pobreza».[16]

Una de las estrategias del Partido Acción Nacional (PAN) fue impulsar la idea de que López Obrador significaba un peligro para México, que era un personaje populista semejante a Hugo Chávez —en aquel entonces, presidente de Venezuela— y que su triunfo pondría en riesgo la estabilidad económica y política del país. En contraposición, el discurso del candidato del PRD suponía la existencia de una situación de crispación política, derivada de los abusos de las élites y

14 *Ibidem*, p. 95.
15 *Ibidem*, p. 100.
16 *Ibidem*, p. 86.

de la ineficacia para resolver los problemas más urgentes del país; además, sugería que la alternativa que él representaba era la única capaz de «serenar a la sociedad», frase que utilizó en varias ocasiones durante la campaña.

Al arranque de las campañas electorales de 2006, los sondeos de intención de voto le otorgaban una importante ventaja, que fue disminuyendo con el transcurso del proceso[17] debido a algunas cuestiones coyunturales —como la frase con la que mandó callar al entonces presidente Fox, que fue aprovechada por los medios para presentarlo como un político intolerante e irrespetuoso—. Otro factor determinante fue su decisión de no acudir al primer debate presidencial, lo que le dio oportunidad a Felipe Calderón de captar mayor apoyo del electorado y posicionar su oferta de impulsar la creación de fuentes de empleo.

Espinoza escribe que, durante buena parte de la campaña, López Obrador era una opción atractiva, con elevados índices de aceptación pública, pero que su falta de visión para hacer ajustes a tiempo derivó en su derrota.[18] El resultado de las elecciones fue muy cerrado, aunque a favor del candidato del PAN, por lo que López Obrador y el PRD cuestionaron los resultados y pidieron un recuento completo de los votos. Las instituciones electorales accedieron a volver a contar solo las boletas de las casillas que mostraban inconsistencias y en las que se habían presentado impugnaciones. Después de este proceso de revisión, el 6 de septiembre de 2006, el Tribunal Electoral declaró válida la elección, y a Felipe Calderón, presidente, con 0.56% de ventaja sobre López Obrador, candidato de la Coalición por el Bien de Todos.[19]

---

17 Por ejemplo: en enero de 2006, *Reforma* le daba 8 puntos de ventaja, que se convirtieron en 2, en junio; *El Universal*, 6 que se convirtieron en 2; Mitofsky 8 que se convirtieron en 3, y Parametría 10 que se convirtieron en 4.

18 Ricardo Espinoza, «Las campañas presidenciales del PRI, PRD y PAN en 2006», *El Cotidiano*, *22*(145), 2007, p. 84.

19 La coalición estaba formada por el Partido de la Revolución Democrática, el Partido del Trabajo y el Partido Convergencia.

A raíz de los resultados, la tenue disposición conciliatoria y la narrativa que López Obrador había mostrado en algunos momentos de la competencia electoral cambiaron. El político adoptó un tono más contestatario, en aras de mantener su base social y de ofrecer un mensaje que justificara su pretensión de establecer una estructura paralela de poder, en la que se autodesignaría como *presidente legítimo*.

Decidió, además, volver a los arquetipos de víctima del poder y mártir de la democracia que le fueron tan útiles durante el proceso de desafuero. Retomó, en consecuencia, el discurso situado en el escenario de un complot en su contra, fraguado por un grupo selecto de políticos y empresarios que jugarían el rol de sus enemigos, empeñados en impedirle concretar su anhelo de transformar el país en favor de los pobres.

En los seis años que transcurrieron entre una elección y otra, López Obrador supo mantener el interés en sus dichos y en sus acciones a partir del diseño de una estrategia política y comunicacional que le hizo permanecer como un actor protagónico en la agenda pública.

Todo comenzó cuando desconoció el resultado electoral y convocó a sus votantes a defender su triunfo por medio de acciones encaminadas a ejercer presión sobre el Gobierno y sobre las autoridades electorales. El ensayo del desafuero ya le había permitido construir una narrativa de probada efectividad persuasiva, la que solo había que actualizar a la circunstancia de un supuesto fraude electoral, es decir, reciclarla y adaptarla al contexto.

El 1.° de septiembre de 2006,[20] depositó en el pueblo la responsabilidad de su insurrección ante los resultados de los comicios, en una asamblea convocada en el Zócalo. Ahí emprendió una arenga en la que expresó que desconocía a quien pretendía ostentarse titular del Poder Ejecutivo federal sin tener, desde su perspectiva, una

20 Andrés Manuel López Obrador, en Sociología Contemporánea, «Andrés Manuel López Obrador. Asamblea del 1 de septiembre de 2006. Video histórico de AMLO», youtube.com/watch?v=9ZnIvMFW_KE.

representación legítima y democrática; defendía que el pueblo tiene derecho a establecer el gobierno que más le convenga, alterarlo, modificarlo y abolirlo totalmente cuando su felicidad lo requiera; eso era lo que iba a hacer.

En ese discurso proclamó su intención de desconocer las instituciones de la democracia por considerarlas inferiores a la voluntad del pueblo, intención que ha reiterado en los dichos y en los hechos a lo largo de su biografía política:

- «Nunca voy a aceptar la política tradicional, esa donde todos los intereses cuentan menos el interés del pueblo. Ya decidimos hacer a un lado esas instituciones caducas, corruptas, chatarras que no sirven para nada a fin de ser el pueblo quien gobierne e impulsar la revolución de las conciencias para que el pueblo decida. ¡Qué se vayan al diablo con sus instituciones!».
- «En México va a haber dos gobiernos: el gobierno del hampa de la política, de los delincuentes de cuello blanco, y el gobierno surgido de este movimiento popular y ciudadano».
- «Qué es lo que van a hacer nuestros adversarios, van a empezar a repartir migajas para tratar de ganarse a la gente humilde, a la gente pobre y el último punto, es el de la negociación con nosotros, van a buscar por todos los medios que haya lo que ellos llaman diálogo y negociación».
- «Lo que les preocupa es que ya no estemos dispuestos a aceptar las reglas del juego, que ya no les rindamos pleitesía».
- «Lo que les preocupa es que vamos a tener nuestro propio gobierno».
- «Ya no aceptamos la república simulada, vamos a establecer una República representativa y verdaderamente popular».

El 20 de noviembre de 2007, López Obrador tomó posesión como *presidente legítimo* de México y presentó un plan de acciones de resistencia civil en contra de lo que consideraba la usurpación de Felipe

Calderón. Luego, inició su travesía por el país, para dar a conocer su Proyecto Alternativo de Nación. De entonces a su segunda candidatura, emprendió la organización del Movimiento de Regeneración Nacional (Morena), una plataforma política propia, diseñada para su promoción personal. A la larga, esta le permitiría prescindir de los partidos que lo habían acompañado en su periplo durante dos procesos electorales.

En su relato sobre las raíces de Morena, Quintanar narra cómo López Obrador y un reducido grupo de seguidores recorrieron el país para inaugurar sedes del *Gobierno legítimo* y esparcir la palabra del político en distintos lugares: «Con la figura del Gobierno legítimo buscaron, más que crear un "poder a la sombra", la configuración de un mecanismo de resistencia civil que recordara el origen ilegítimo de Felipe Calderón y, a partir de esa estrategia, generar posicionamientos políticos».[21]

Quintanar afirma que para aprovechar el caudal de votos obtenido por López Obrador, en 2006, y tener una caja de resonancia ciudadana ante sus posicionamientos políticos, las sedes del *Gobierno legítimo* fungían como «espacios de organización», en los que se abría la posibilidad de que los voluntarios integrantes del movimiento crearan una estructura territorial y se distribuyeran funciones, actividades y responsabilidades en función de las coyunturas políticas.[22] En ese sentido, López Obrador aprovechaba para visitar poblaciones donde habría comicios y apoyaba desde sus asambleas a los aspirantes abanderados por el PRD, Partido del Trabajo (PT) o Convergencia.

Ya que dedico otro capítulo a la trayectoria de Morena y al lugar que ha ocupado en las batallas de López Obrador por la presidencia, aquí solo me referiré a la manera en que se construyó el mensaje sobre la necesidad de integrar un movimiento que cobijara y promoviera las ideas de cambio defendidas por él durante largo tiempo.

---

21 H. A. Quintanar Pérez, *Las raíces…*, p. 244.
22 *Ibidem*, p. 245-246.

La parábola de la *república amorosa*

La constitución de Morena y la participación de líderes —intelectuales, académicos, luchadores sociales y ciudadanos— en búsqueda de un cambio político en el país demandaron una actualización del proyecto que López Obrador había propuesto en 2006. De acuerdo con la opinión de Jesús Ramírez Cuevas, el diagnóstico indicaba que había que recorrerlo hacia la izquierda y proponer un mensaje que privilegiara una visión ética de la política, la adopción de valores propios del colectivismo y la promoción de la solidaridad social. Esta propuesta, en contra del neoliberalismo, planteaba no solo cambiar las condiciones económicas del país, sino también fomentar una nueva forma de ver el mundo: a través de una nueva pedagogía cívica.[23]

A partir de ese momento, a los arquetipos de víctima del poder y mártir de la democracia se iba a sumar el de redentor de los mexicanos. En el discurso que López Obrador pronunció el 21 de marzo de 2011, para dar a conocer su Nuevo Proyecto de Nación,[24] se puede observar la decisión de enfatizar su lucha contra el neoliberalismo y de responsabilizar de la precaria situación del país al clan político y económico surgido durante la presidencia de Carlos Salinas: «Casi todos los mexicanos sabemos que nuestro país padece de una grave crisis en todos los órdenes de la vida pública. [...] Ante esta amarga realidad, afortunadamente muchos mexicanos sostenemos que podemos frenar la decadencia, garantizar el bienestar y la felicidad del pueblo y darle una nueva viabilidad a la Nación».

En estos dos párrafos se ejemplifica la situación de oprobio que se dibuja en todo liderazgo populista para después mostrar el enemigo a vencer:

---

23 *Ibidem*, p. 254.

24 Andrés Manuel López Obrador, «Discurso de Andrés Manuel López Obrador en la presentación del Nuevo Proyecto de Nación», *La Jornada*, 21 de marzo de 2011, p. 10, jornada.com.mx/2011/03/21/politica/010n1pol.

> Nuestro optimismo parte del conocimiento que tenemos de las causas que originaron la actual tragedia nacional. Para nosotros la crisis de México se debe al predominio de un grupo oligárquico, que se conformó durante el Gobierno de Carlos Salinas de Gortari, mediante la entrega a particulares, nacionales y extranjeros, de los bienes de la Nación y del pueblo.
>
> Desde entonces, al amparo de la llamada política neoliberal de privatizaciones y saqueos, esta minoría no solo ha venido acumulando riquezas de manera obscena, sino que se ha situado por encima de las instituciones y son los que realmente mandan y gobiernan el país.
>
> Como es obvio, esta concentración desmedida de poder económico y político ha provocado el empobrecimiento del pueblo, la ruptura del pacto social y de la tranquilidad pública.[25]

En este Nuevo Proyecto de Nación, se plasmaba la visión política que complementaría el decálogo que fue eje de la campaña de 2006.

El político que había mandado al diablo a las instituciones y que, al perder la anterior elección, tuvo la intención de instaurar un Gobierno paralelo, se refería ahora a la tarea «ineludible de derrotar a la oligarquía en el terreno político y por la vía pacífica para establecer en México una verdadera democracia, un gobierno del pueblo y para el pueblo».[26]

La visión del pueblo que retrata López Obrador no es la que en su momento imaginó Lincoln en su muy famosa triada: «un gobierno del pueblo, para el pueblo y por el pueblo». La del mexicano se asemeja más a la que tuvieron Perón y su esposa Eva, al referirse a «los descamisados» en Argentina; o a la de los indignados en España, a los que el partido Podemos ha cobijado en su seno. En otra parte de su discurso, anunciaba: «Se atenderá a todos, se respetará a todos, pero se dará preferencia a los pobres y a

25 *Idem.*
26 *Idem.*

los desposeídos. Empezaremos a pagar la deuda histórica que se tiene con las comunidades y los pueblos indígenas. Es una infamia que en donde hay carencias, pobreza y marginación no lleguen los apoyos que se necesitan».[27]

El binomio austeridad-combate a la corrupción se planteó desde entonces como parte del léxico lopezobradorista en todas sus campañas:

> Limpiaremos al Gobierno de corrupción. Lo haremos de arriba hacia abajo como se limpian las escaleras. No habrá influyentismo, amiguismo, nepotismo ni ninguna de esas lacras de la política. [...]
>
> Se acabarán los privilegios de la alta burocracia [...]. Se cancelarán bonos, viáticos, pensiones de expresidentes, servicios médicos privados, cajas de ahorro especiales, el uso de aviones, helicópteros y otras canonjías.[28]

En la imagen del grupo oligárquico que se adueñó del país a finales del siglo XX, no solo se remitía a la élite política, sino además a la élite empresarial, entre la que se encuentran los dueños de los medios de comunicación. Desde la perspectiva del Nuevo Proyecto de Nación, los medios de comunicación «en vez de informar con amplitud, veracidad y profesionalismo», se utilizaban «como instrumentos para manipular y controlar al pueblo, proteger privilegios y hacer negocios al amparo del poder público». En vista de esta situación, el proyecto contempla como una tarea pendiente la democratización de dichos medios, en aras de garantizar la competencia y el derecho a la información.

López Obrador volvió a ganar la votación interna del PRD para la candidatura a la presidencia en 2012. No obstante, el contexto de las elecciones federales era distinto al de 2006 debido, entre muchos

27 *Idem.*
28 *Idem.*

factores, a que la fuerza nacional de su personaje se iba debilitando frente a la posibilidad de un retorno del PRI a la presidencia, gracias a la candidatura de Enrique Peña Nieto. Este era un político joven, que supo manejar con éxito su cargo como gobernador del Estado de México, además de que acompañó su gestión con un despliegue mercadológico que lo proyectaba como un dirigente eficaz y a cargo de sus responsabilidades.

Conscientes de esto, los encargados de la campaña de López Obrador, como candidato de la coalición Movimiento Progresista,[29] definieron una estrategia electoral en dos sentidos. En un primer sentido, se recuperó la idea de un país escindido en el que, de un lado, se encontraba la gente sensible a la situación prevaleciente y deseosa de un cambio en favor de la justicia y la equidad, mientras que en el otro lado se encontraba una oligarquía rapaz: «un supremo poder con una voracidad desmedida que ha saqueado al país».[30]

En una conferencia de prensa en Macuspana, Tabasco, con la que inició su campaña, López Obrador dijo: «en julio se decidirá si continúa más de lo mismo; es decir, si continúa el régimen de corrupción, de injusticias y de privilegios que está destruyendo a México o si, entre todos, logramos hacer valer un cambio verdadero que significa honestidad, justicia, seguridad y tranquilidad para todos los mexicanos».[31]

Fue en este discurso cuando sumó el arquetipo de redentor al de mártir: «En lo que a mí corresponde, ofrezco a todos los mexicanos, de todas las clases sociales, de todas las religiones, a los librepensadores, a todos los mexicanos, ofrezco con humildad y de manera sincera, mi honestidad, mi experiencia y mi corazón para salvar a México».

---

29 Esta coalición estuvo formada por los mismos partidos que hicieron de López Obrador su candidato en 2006.

30 A. M. López Obrador, *La mafia que se adueñó…*, p. 94.

31 Andrés Manuel López Obrador, «Volveremos a ganar», 30 de marzo de 2012, lopezobrador.org.mx/temas/volveremos-a-ganar/.

En su libro *La mafia que se adueñó de México… y el 2012*, López Obrador abunda sobre el tema:

> Lo más importante de todo es que, en 2012, el pueblo de México tendrá que decidir entre dos proyectos distintos y contrapuestos de nación. Uno, el de la oligarquía con sus dos partidos, aunque en apariencia vayan separados, y con su candidato favorito, Enrique Peña Nieto. Todo el aparato se moverá en esa dirección, con mucho dinero y, sobre todo, con los medios de comunicación, en particular con Televisa, que ya está a cargo de su publicidad. Pero, por otro lado, la gente tendrá conocimiento de la existencia de nuestro proyecto para transformar la vida pública del país.[32]

En ese mismo texto, especulaba así sobre el potencial comportamiento político del pueblo en el proceso electoral:

> En lo personal considero que, aun en el peor de los casos, si el pueblo apuesta por más de lo mismo y se da una especie de masoquismo colectivo, de todas formas, no será en vano nuestra lucha, porque estoy convencido de que lo irracional no puede ser eterno. Creo en la inteligencia del pueblo de México y considero que el país ya no aguanta más ignominias. El pueblo va a despertar y, estoy seguro de que tarde o temprano, tendrá que renovarse la vida pública. En otras palabras, puede ser que con la manipulación y el engaño a través de los medios de comunicación, la oligarquía vuelva a imponerse, pero su permanencia en el poder será transitoria y nuestros sueños de hoy, como decía Martí, serán las realidades del mañana.[33]

En un segundo sentido, a fin de contrarrestar la imagen de 2006, de político rijoso e irrespetuoso de las instituciones, los encargados de su campaña propusieron una fórmula salvadora: la idea de

32 A. M. López Obrador, *La mafia que se adueñó…*, p. 192.
33 *Ibidem*, pp. 192-193.

una *república amorosa,* que se definía como una nueva forma de hacer política, con base en los preceptos que López Obrador expuso en un foro que tuvo lugar el 16 de enero de 2012:

> Cuando hablamos de una *república amorosa*, con dimensión social y grandeza espiritual, estamos proponiendo regenerar la vida pública de México mediante una nueva forma de hacer política, aplicando en prudente armonía tres ideas rectoras: la honestidad, la justicia y el amor. Honestidad y justicia para mejorar las condiciones de vida y alcanzar la tranquilidad y la paz pública; el amor para promover el bien y lograr la felicidad.[34]

Si bien el lema de esta campaña fue «El cambio verdadero está en tus manos», una de las propuestas mercadológicas que también se usó fue la frase «honestidad valiente», retomada del nombre de la asociación civil que se había constituido en noviembre de 2006 para recibir donativos que le permitieran a López Obrador mantener su movimiento contestatario.[35]

A partir de la presentación de las ideas rectoras de la *república amorosa*, una de las palabras más utilizadas en la narrativa de esa elección fue *honestidad*:

> La propuesta es elevar a la honestidad como la principal virtud pública, lo cual nos traerá muchos beneficios, que se piensa que eso es filosófico, teórico. No, la corrupción la tenemos que combatir por razones de índole moral. [...]

34 Andrés Manuel López Obrador, «Anuncia AMLO que el 21 de marzo se celebrará un congreso para constituir las bases de una República Amorosa», 16 de enero de 2012, lopezobrador.org.mx/temas/republica-amorosa/.

35 En una entrevista con Miguel Ángel Granados Chapa, López Obrador informó sobre este mecanismo para la recepción de recursos en la cuenta 4038497855 de HSBC, a nombre de la asociación denominada Honestidad Valiente, A. C., con la posibilidad de recibir depósitos desde 100 a 30 000 pesos, y que las aportaciones mayores debían entregarse en las oficinas generales, en la que fuera su casa de campaña, lo cual se describe en el expediente Q-UFRPP 01/08 PAN vs. PRD, localizado en repositoriodocumental.ine.mx/xmlui/bitstream/handle/123456789/84091/CGe81010rp2_7.pdf? sequence=1.

> Qué obtendríamos elevando a rango supremo la honestidad, haciendo el acuerdo entre todos de que vamos a establecer como forma de vida y de gobierno la honestidad.
>
> Para empezar los gobernantes contarían con autoridad moral para aplicar la ley y exigir a todos un recto proceder. Nadie tendría privilegios.[36]

La segunda idea rectora de esta *república amorosa* era la de justicia, que en realidad hacía referencia a las grandes diferencias existentes en México entre ricos y pobres, y a la necesidad de desarrollar formas más equitativas de distribución de la riqueza:

> La falta de justicia en nuestro país es la sombra que nos persigue, el pecado social que nos impide estar bien con nuestras conciencias y poder desarrollarnos plenamente como seres humanos.
>
> La pobreza en México es una amarga realidad, entristece, parte el alma y se encuentra por todos lados. [...]
>
> Hay que combatir la desigualdad para tener una sociedad más humana y de esa manera evitar la frustración y las trágicas tensiones que provoca.[37]

La felicidad es un tema que, desde Aristóteles, ha ocupado a los estudiosos de la vida pública. Este filósofo afirmaba que la felicidad de los habitantes de la ciudad tenía una relación directa con la capacidad de cultivar bienes del alma, como la prudencia y la virtud. Integrantes de la Escuela de Frankfurt, como Marcuse, se refieren así al tema: «el mundo de lo necesario, del orden de la vida cotidiana, es inestable e inseguro, además de que no promueve la libertad; que el manejo de los bienes materiales no está dominado por el saber sino por la casualidad y que quien haga depender su

---

36 A. M. López Obrador, «Anuncia AMLO que el 21 de marzo...».
37 *Idem*.

felicidad de estos bienes entregará su libertad y se convertirá en esclavo».[38] También lo hace Habermas, quien regresa a Aristóteles para proponer una versión de la política que, con base en la ética y el respeto a la ley, conduzca a una vida buena y justa.[39] Su idea es emprender un proceso de reconstrucción y reinterpretación de la realidad, en el que las personas puedan entender las formas de dominación que les afectan y definir nuevas formas de comunicación que les permitan una interacción social con fines emancipatorios.

López Obrador recurre a esta tradición para hacerla parte de la república que propone:

> Tenemos que convencer y persuadir de que, si no buscamos alcanzar un ideal moral, esa utopía de la que se habló, ese sueño que se debe convertir en realidad, no se podrá transformar a México. Solo así podremos hacer frente a la mancha negra de individualismo, codicia y odio que se viene extendiendo cada vez más y que nos ha llevado a la degradación progresiva como sociedad y como nación.
>
> Quienes piensan que este tema no corresponde a la política, olvidan que el fin último de este noble oficio es hacer el bien, porque de ello depende la verdadera felicidad. [...]
>
> La política sí tiene ese objetivo, en esencia es el fin último, lograr la felicidad del pueblo.[40]

En su opinión, la felicidad es la respuesta, y esta es quizá la base de la *república amorosa*: «El propósito es contribuir en la formación de mujeres y hombres buenos y felices, con la premisa de que ser bueno es el único modo de ser dichoso. El que tiene la conciencia tranquila duerme bien, vive contento. La felicidad no se logra acumulando

---

38 Herbert Marcuse, *Cultura y sociedad*, Buenos Aires, Editorial Sur, 1970, p. 46.

39 Jürgen Habermas, *Teoría de la acción comunicativa: complementos y estudios previos*, Barcelona, Cátedra, 2011.

40 A. M. López Obrador, «Anuncia AMLO que el 21 de marzo...».

riquezas, títulos o fama, sino estando bien con nuestra conciencia, con nosotros mismos y con el prójimo».[41]

En el trasfondo de su idea de instaurar una *república amorosa* estaba la preocupación que, en su momento, había aquejado ya a otros presidentes, como Miguel de la Madrid: la necesidad de emprender una renovación moral en una sociedad afectada, desde sus cimientos, por la corrupción. El diagnóstico de este mandatario era el siguiente: «Es una realidad la voluntad política inconmovible del pueblo de México y del Gobierno que se ha dado por erradicar lo que corrompe los fundamentos de su convivencia social. [...] El Estado mexicano es fuerte y puede renovarse porque el vicio no está en sus fundamentos populares y constitucionales. Son desviaciones funcionales de esos fundamentos, las que corrompen nuestros valores».[42]

El redentor que hay en López Obrador reflexiona así sobre este problema:

> Habría que agregar que esta tragedia ha sido provocada, también, por el estilo de vida inducido, donde lo fundamental es el dinero, lo material y lo superfluo. Por eso no vemos otra salida que no sea la de renovar, de manera tajante, la vida pública de México; y ello implica, sobre todo, impulsar una nueva corriente de pensamiento sustentada por valores como la dignidad, la honestidad y el amor a nuestros semejantes.[43]

Muestra optimismo respecto a la posibilidad de alcanzar su objetivo, asegurando así su lugar en la historia:

---

41 *Idem*.

42 Miguel de la Madrid Hurtado, «Fundamentos de la renovación moral», *Memoria Política de México*, 1982, memoriapoliticademexico.org/Textos/7CRumbo/1982MMH-FundRenM.html.

43 A. M. López Obrador, *La mafia que se adueñó...*, p. 102.

> Por eso, nosotros creemos que en 2012 se presentarán condiciones favorables, pero no perdemos de vista que todo dependerá de una serie de factores y, básicamente del despertar del pueblo. Está en marcha, pues, la revolución de las conciencias para construir la nueva República. La tarea es sublime, nada en el terreno de lo público puede ser más importante que lograr el renacimiento de México. Ninguna otra actividad produce más satisfacción que la de luchar en bien de otros. Es un timbre de orgullo vivir con arrojo y además tener la dicha de hacer historia.[44]

Esta idea está también presente en el Programa del Movimiento de Regeneración Nacional,[45] en el que se destaca la necesidad de una *revolución de las conciencias* y de la instauración de una nueva corriente de pensamiento crítico y solidario, sustentada en la cultura del pueblo, en su vocación de trabajo y en su generosidad. Ahí se exhorta a los mexicanos a no aceptar o no permitir que domine el dinero, la mentira y la corrupción sobre la dignidad, la moral y el bien común.

En este programa se establece que Morena lucha por recuperar la ética política que se ha pervertido por la corrupción, compra de votos, lavado de dinero, clientelismos o paternalismos. Propone un cambio democrático por medio de una ética política que persiga la paz sustentada en el bien común y el respeto.

Es curioso que la idea de *bien común*, propia de la doctrina política en la que se inspiraron los fundadores del PAN se reitere una y otra vez en el discurso lopezobradorista.

En cuanto al actor protagónico de esta transformación —el pueblo— López Obrador ha planteado siempre su visión del papel que a este le tocaría jugar, el de artífice del cambio verdadero: «Estoy optimista, creo que el pueblo sabrá estar a la altura de las cir-

---

44 *Ibidem*, p. 205.

45 Movimiento de Regeneración Nacional, *Programa del Movimiento de Regeneración Nacional*, 2014, lopezobrador.org.mx/programa-del-movimiento-regenarcion-nacional/.

cunstancias y demostrará que es dueño y constructor de su propio destino. Se hará realidad nuestra estrategia, que se resume en una frase: solo el pueblo puede salvar al pueblo, solo el pueblo organizado puede salvar a la nación».[46]

Me he referido aquí a la reflexión que López Obrador hacía en su libro de 2012, en la que calificaba como masoquismo colectivo el hecho de que la ciudadanía apostara por lo que el denominó «más de lo mismo», además de considerar como «irracional» el voto a una opción distinta a la que él representaba. El candidato del Movimiento Progresista no supo aceptar que su especulación había resultado cierta y, lejos de admitir la contundencia de los datos, su actitud fue desconocer el resultado: Enrique Peña Nieto ganó la elección con una ventaja de 6.62% de los votos. En esta ocasión, el argumento del fraude, esgrimido en 2006, fue sustituido por el de la denuncia de compra de votos.

Días después de la elección, el Partido Acción Nacional y la coalición Movimiento Progresista presentaron recursos de inconformidad y denuncias penales por la forma en que se había evadido la ley en el financiamiento de la campaña del candidato de la coalición Compromiso por México, Enrique Peña Nieto. Las principales razones que se aducían en la solicitud fueron que se había realizado una compra encubierta de tiempos en radio y televisión para proselitismo político; además, aunque en el documento no se mencionaba esto, otra de las denuncias públicas fue que las televisoras habían presentado imágenes y mensajes sesgados de los candidatos de oposición, fomentando una campaña negra en su contra. Una razón más que se argumentó fue que se habían usado las encuestas y estudios de opinión como propaganda electoral, ya que los resultados de intención de voto estaban dirigidos a promover la idea de que ya había un ganador incuestionable, previo a la elección. En el terreno del financiamiento, se hizo referencia a financiaciones

46 A. M. López Obrador, «Volveremos a ganar»...

ilegales, a partir de una estrategia de triangulación de recursos de la financiera Monex y de que el gasto en publicidad de la campaña excedía, en un alto porcentaje, los límites establecidos por la ley.[47]

El 20 de julio de 2012, López Obrador presentó el Plan Nacional en Defensa de la Democracia y de la Dignidad de México, encaminado a reforzar la demanda hecha por la coalición Movimiento Progresista en contra de los resultados, como preámbulo para anular la elección presidencial. La principal razón que se argüía era que el PRI había organizado una millonaria compra de votos mediante operaciones fuera de la ley. En ese acto, López Obrador usó esta frase contundente: «la presidencia no se compra y el destino de México no tiene precio. […] Estamos seguros que se va a lograr la invalidación de la elección presidencial».[48] Ahí afirmó, además, que el equipo jurídico de su campaña tenía en su poder todas las pruebas para demostrar que el candidato priista, Enrique Peña Nieto, había gastado más de los 108 millones de pesos que la ley establecía como tope para las campañas, y que además era dinero de procedencia ilícita.

En la revisión hecha por el Instituto Federal Electoral (IFE), se concluyó que la sola existencia de las tarjetas Soriana y los monederos de Monex —presentados como prueba en el recurso de impugnación— no revelaba que su entrega se hubiera condicionado a cambio del voto. El documento del instituto asentaba: «No ha sido comprobado y no puede hacer prueba plena que el otorgamiento

---

47 Juan José Solís y Marina Acosta, «Peña Nieto y Televisa: La construcción de un presidente», *Iberofórum*, *10*(19), 2015; Arturo Espinosa Silis, «Nulidad de las elecciones en México (2000-2012)», en Luis Carlos Ugalde y Gustavo Rivera (coords.), *Fortalezas y debilidades del sistema electoral mexicano. Perspectiva estatal e internacional*, México, Tribunal Electoral del Poder Judicial de la Federación, 2014, pp. 501-548, archivos.juridicas.unam.mx/www/bjv/libros/11/5099/15.pdf.

48 Rosalía Vergara, «Bajo el slogan: la presidencia no se compra, anuncia AMLO campaña nacional», *Proceso*, 20 de julio de 2012, proceso.com.mx/nacional/politica/2012/7/20/bajo-el-slogan-la-presidencia-no-se-compra-anuncia-amlo-campana-nacional-105886.html.

de las tarjetas de "beneficios" hayan sido con el objeto de presionar o coaccionar a los electores a emitir su voto a favor de determinada coalición y con ello se acredite la vulneración del derecho del voto libre».[49]

El Tribunal Electoral del Poder Judicial de la Federación (TEPJF) decidió hacer eco de la evaluación hecha por una comisión de magistrados con respecto al caso: desestimó por unanimidad la petición de nulidad de los comicios presidenciales presentada por Movimiento Progresista. En opinión de los magistrados de dicho tribunal, la demanda no lograba demostrar, con pruebas fehacientes, que hubo violaciones a la Constitución y a la legislación electoral, que ameritaran invalidar la elección. En el fallo se asentaba que, tras el estudio de cada una de las pruebas, se confirmaba que los principios constitucionales se habían observado, que en México se habían celebrado unas elecciones libres y auténticas. Con base en esta argumentación, el 31 de agosto de 2012, el tribunal declaró a Peña Nieto presidente electo.

Ese mismo día, López Obrador convocó a una conferencia de prensa en la que comunicó que desconocería la decisión del TEPJF. Con un mensaje que se asemejaba al utilizado en 2006, el candidato expuso sus argumentos para optar por la desobediencia civil: «Las elecciones no fueron ni limpias, ni libres, ni auténticas. En consecuencia, no voy a reconocer un poder ilegítimo surgido de la compra del voto y de otras violaciones graves a la Constitución y a las leyes. Actuar de otra manera implicaría traicionar a millones de mexicanos que luchan contra la simulación, la farsa, y a favor de un cambio verdadero».[50]

En esta ocasión matizó su animadversión por las instituciones, y en un discurso en el que desconocía todos los alcances democrá-

---

49 «IFE desestima pruebas sobre compra de votos», *Aristegui Noticias*, 19 de julio de 2012, aristeguinoticias.com/1907/mexico/ife-desestima-pruebas-sobre-compra-de-votos/.

50 Andrés Manuel López Obrador, Conferencia de prensa del 31 de agosto de 2012, youtube.com/watch?v=9_PRIcUZ36.

ticos alcanzados con más de treinta años de reformas electorales, optó por personalizar las culpas:

> Es cierto que debemos respetar a las instituciones, pero, en buena medida, el problema de México radica en que las instituciones están secuestradas por la delincuencia de cuello blanco, y un Estado que no procura la justicia ni la democracia no es más que un instrumento de poder al servicio de un grupo de intereses creados.
>
> Ya sabemos que, a los sostenedores de este Estado mafioso, traficantes de influencias, políticos corruptos, dueños y voceros de los llamados medios de comunicación, y a otros integrantes del régimen, no les parecerá nuestra postura. Ellos quisieran que aceptáramos el fraude electoral y que rápido entráramos en el juego de las negociaciones políticas, que, en las actuales circunstancias, solo pueden significar arreglos cupulares o componendas en contra del bienestar del pueblo y de la nación.[51]

López Obrador ya había usado el estilo de Fidel Castro, en su defensa ante el desafuero, cuando lanzó a los legisladores la sentencia ya mencionada: «Ustedes me van a juzgar, pero no olviden que todavía falta que a ustedes y a mí nos juzgue la historia». Una frase semejante a la utilizada por el comandante cubano, en su defensa, cuando lo detuvieron en 1953, después del asalto al Cuartel Moncada: «Condenadme, no importa, la historia me absolverá».

En 2012, una vez más, recuperó de su repertorio este tono de luchador social, que ha usado a lo largo de su trayectoria política, cuando, hacia el final de esta alocución justificaba su llamado a la desobediencia civil:

> Ojalá se entienda que, así como ellos defienden por todos los medios al régimen de corrupción nosotros estamos sinceramente empeñados

51 *Idem.*

en abolirlo, y como es lógico, en este propósito no daremos ninguna tregua ni reconoceremos la más mínima ventaja.

Por eso, aunque nos sigan atacando, acusándonos de malos perdedores, de locos, mesiánicos, necios, enfermos de poder y otras lindezas, preferimos esos insultos a convalidar o formar parte de un régimen injusto, corrupto y de complicidades que está destruyendo a México.

La desobediencia civil es un honroso deber cuando se aplica contra los ladrones de la esperanza y la felicidad del pueblo. [...]

Continuaremos defendiendo los derechos individuales y sociales de todos los ciudadanos, usando, para ello, nuestra autoridad política y moral. [...]

Seguiremos actuando con responsabilidad y por la vía pacífica sin dar motivos para que los violentos nos acusen de violentos.

No claudicaremos. El destino de México no tiene precio.[52]

En busca de la regeneración nacional

El contexto político en el que López Obrador convocaba a los partidarios de la democracia popular y de su movimiento a continuar en la lucha era distinto al de 2006. Sus compañeros de viaje en ambos procesos electorales —PRD, PT y Convergencia— no se mostraban muy dispuestos a apostar el capital electoral que habían ganado en los comicios ni su ventajosa situación en el Congreso, para seguirlo en una empresa de resultados inciertos.

Bolívar Meza describe cómo, después de una serie de pugnas internas, entre las que destaca la de López Obrador y los dirigentes de la fracción Nueva Izquierda —Jesús Ortega y Jesús Zambrano—, el primero anunció su salida del PRD para construir su propio partido. Se refiere además a la declaración de Ortega, quien consideró

52 *Idem.*

que con ello se acabaría la «esquizofrenia política» en el PRD, ya que este, a partir de ese momento, tendría una sola visión, un solo comportamiento, y se acabaría la división de posturas políticas.[53]

La constitución de Morena antes de la elección abrió la posibilidad de convertir la asociación civil en partido político, cuyo andamiaje institucional dependió básicamente de la capacidad de su líder para articular a las distintas fuerzas, facciones y personajes que se habían ido sumando a la causa del lopezobradorismo a lo largo de los años.

El 9 de septiembre, López Obrador anunció a sus seguidores —congregados, una vez más, en el Zócalo de la capital— su decisión de seguir el camino en solitario:

> Por estar concentrado en la defensa de nuestro juicio de inconformidad para demandar la invalidez de la elección presidencial, no respondimos a las interrogantes en cuanto al futuro de nuestro movimiento, pero ahora es el momento de hablar sobre lo que sigue. Empiezo con lo obvio, diciendo que lucharemos toda la vida hasta alcanzar el objetivo superior de transformar a México. [...]
>
> Vamos a seguir trabajando en el fortalecimiento del Movimiento Regeneración Nacional, Morena. [...]
>
> En los congresos distritales que se celebrarán a partir del día 12 de septiembre, entre todos decidiremos, desde abajo, de manera democrática, si Morena continúa como asociación civil o se constituye en partido político.[54]

La transformación de la asociación civil en partido abría también la posibilidad de establecer un vínculo inequívoco con la iniciativa

53 R. Bolívar Meza, «Morena: el partido...»; Isabel Zamudio, «Si se va AMLO, se acabará la esquizofrenia», *Milenio*, México, 9 de septiembre de 2012, p. 4.

54 A. M. López Obrador, «Morena, ¿qué sigue?...».

de catequesis política que su líder había anunciado en la campaña, a través de los preceptos de la *república amorosa*:

> Morena seguirá sembrando ideas y haciendo conciencia. Fortaleciendo valores culturales, morales y espirituales. [...]
>
> Con Morena defenderemos a los que sufren injusticias, a los más pobres y necesitados, protegeremos a los débiles y cuidaremos el patrimonio nacional, herencia de las futuras generaciones. [...]
>
> En lo que a mí corresponde, en esta nueva etapa de mi vida, voy a dedicar toda mi imaginación y trabajo a la causa de la transformación de México. Lo haré desde el espacio que representa Morena, por esta razón me separaré de los partidos del movimiento progresista. [...]
>
> Iniciamos una nueva etapa. Vamos a recomenzar, porque así lo exigen las circunstancias. Hagámoslo con el mismo entusiasmo de siempre. Sigamos despertando y organizando a los ciudadanos. [...]
>
> Cuando me preguntan qué es Morena, y me piden que lo diga de manera breve, digo que Morena es organizar, concientizar, defender al pueblo y a la nación. Eso es Morena. [...]
>
> Llevamos años batallando, trabajando con intensidad, avanzando y recibiendo reveses. Hemos aprendido que, aún en condiciones difíciles y adversas, con el predominio del régimen antidemocrático, se va avanzando en la creación de conciencia, en la organización del pueblo y en la conquista de espacios políticos.
>
> Se van logrando victorias parciales. [...]
>
> La fórmula es luchar, resistir, no claudicar, avanzar, caer y levantarse, recomenzar y así, hasta la victoria final.
>
> Todo depende de no perder la fe, de no desmoralizarse, de comprender que los procesos de transformación son tardados, pero sublimes; hacernos a la idea de asumirlos como forma de vida, porque hasta en lo personal producen dicha y grandeza. Es decir, podemos ser felices si dedicamos nuestra existencia a procurar el bienestar y la felicidad de otros. Además, la vida es demasiado corta para desperdiciarla en cosas que no valen la pena. [...]

> Con la misma fe de siempre, vamos de nuevo a entregarnos al fecundo trabajo de despertar a los que faltan, para que todos juntos logremos el renacimiento de México.[55]

La conversión de Morena en partido le permitió a López Obrador reencausar su intento fallido de ganar la elección presidencial hacia una estrategia distinta a la de la denuncia permanente, y transitar hacia la construcción de la estructura organizativa y a la definición ideológica e institucional de lo que sería, a la postre, el instrumento que le permitiría lograr su objetivo. Además, esto le abría la posibilidad de contar con recursos públicos para sostener su peregrinaje por el territorio nacional.

Todavía le tomaría cuatro años más ganar la presidencia y con ello, por fin, tener la posibilidad de materializar, en un proyecto de transformación, sus lecturas sobre los episodios emblemáticos de historia política, su diagnóstico sobre los males que aquejan al país —y los responsables de esto—, además de su fe en el potencial del pueblo como agente del cambio. Esto es lo que el mismo López Obrador llama *la Cuarta Transformación de la vida pública del país*, porque, tal como sucedió con la Independencia, la Reforma y la Revolución, él proyecta que su presidencia conducirá a México a un cambio político profundo, a un cambio de régimen.

55 *Idem.*

Capítulo 5

La última etapa de la travesía: la Cuarta Transformación

En el primer capítulo me referí a los marcos y al proceso de enmarcado; precisé que los medios, los actores sociales y políticos y las instituciones ofrecen su enfoque sobre los acontecimientos con la finalidad de asumir el control de la forma en que el público interpreta la información. No obstante, la influencia del proceso de enmarcado no es contundente ni directa, y la manera en que cada persona entiende los mensajes se encuentra en función de su visión del mundo, de sus referentes previos y de sus expectativas acerca de las acciones y las decisiones públicas. Es así como un mismo mensaje puede interpretarse de forma muy diferente, a partir de las distintas vivencias personales.[1]

Cuando se habla del efecto de los marcos dentro de un proceso de comunicación, se parte del supuesto de que, al exponerse a aquellos, habrá consecuencias en la manera en que los espectadores otorgan significado a los hechos sociales. Esto quiere decir que, una vez que se ha definido qué y cómo se quiere comunicar los acontecimientos políticos, y se han establecido, además, ciertas intenciones de comunicación, lo que queda es evaluar si la recepción y la interpretación de los mensajes corresponden con lo esperado.

---

1 Denis McQuail, *Media Performance: Mass Communication and the Public Interest*, Thousand Oaks, SAGE, 1992.

Con el fin de comprender el alcance del efecto de los marcos, tomo la idea de Vliegenthart y Van Zoonen de evaluar las interconexiones entre lo que denominan *habla de los noticieros* y *habla pública*.[2]

El habla de los noticieros, o marco de noticias, es el resultado de procesos que se ubican en un contexto social determinado y se estructuran a partir de rutinas comunicativas intencionadas. El habla pública, o marco usado por el público, es el resultado de la información con la que cuenta la gente, más sus asociaciones y evaluaciones sobre temas específicos, su percepción de las diferencias sociales, su experiencia e incluso la sabiduría popular.

El habla de los noticieros parte de un proceso en el que, por lo general, se transmiten los mensajes a través de historias en cuyo trasfondo estaría un *stock* de marcos. Entman define que la cultura es ese *stock* de marcos, los cuales se invocan comúnmente en el discurso y el pensamiento de la mayoría de las personas que pertenecen a un grupo social.[3] En el trasfondo del habla de los noticieros también se encuentran los marcos episódicos, concepto de Iyengar que se refiere a que las noticias se transforman día a día, ofreciendo un contenido adicional cada vez, con el fin de construir historias susceptibles de contarse por partes, para mantener así la atención del público.[4]

Comunicar a través de historias tiene la intención de vincular la lógica de las acciones o las decisiones públicas con la vida cotidiana de las personas y con sus marcos de referencia. Los mensajes tienen, ante todo, la finalidad de convencer; la mejor manera de hacerlo es creando el ambiente propicio para una representación semejante a la de una actuación en el escenario, lo que Mouchon, Gosselin y Gauthier denominan *actuar dramatúrgico*.[5] Los medios

---

2 R. Vliegenthart y L. van Zoonen, «Power to the frame...».

3 R. M. Entman, «Framing: Towards...», p. 52.

4 S. Iyengar, «Framing Responsibility...».

5 Jean Mouchon, André Gosselin y Gilles Gauthier, *Comunicación y política*, España, Gedisa, 1998.

y los actores políticos y sociales buscan integrar sus mensajes dentro de una narrativa en la que la historia no solo debe tener antagonistas y protagonistas, sino además un guion, cuyas acciones deben moverse hacia nuevos episodios.[6]

Las historias son consideradas como la forma más útil para lograr el efecto de enmarcado previsto. En aquellas encontramos los principios que caracterizan a este: selección de lo que se incluirá en la historia y de lo que tendrá relevancia o notoriedad. Una vez seleccionados los elementos relevantes, es preciso hacer uso de ellos para construir un argumento sobre los problemas y sus causas, además de ofrecer una evaluación y una solución. Las emociones conseguidas por el efecto del enmarcado dependerán de los detalles de la historia en particular, así que, para poder desatar las emociones esperadas, la narración debe ser minuciosa y atractiva en la presentación de los hechos.[7]

Los marcos son parte de una lucha colectiva sobre el significado; su capacidad de éxito está en función de que exista una coincidencia entre la relevancia y la veracidad de los mensajes mediáticos y personales. El proceso de enmarcado y su recepción dependen del rango de recursos con los que cuenta el público para interpretarlos, entre los que se encuentran su información, su manera de seleccionar lo que le resulta digno de atención y su experiencia personal.[8]

Si bien el enmarcado puede tener efectos individuales, lo que los medios de comunicación, los actores, las instituciones sociales y los políticos persiguen es que tenga efectos colectivos: su propósito es conseguir un proceso compartido de construcción de signi-

6 Yolanda Meyenberg, «¿A quién le hablan los candidatos? Los discursos en la campaña presidencial de 2018», en Álvaro Arreola y Raúl Trejo (coords.), *La Transición presidencial. México 2018*, México, Orfila Valentini, 2018.

7 Kimberlty Gross, «Framing Persuasive Appeals: Episodic and Thematic Framing, Emotional Response, and Policy Opinion», Political Psychology, *29*(2), 2008, pp. 169-192, doi,org/10,1111/j,1467-9221,2008,00622,x.

8 R. Vliegenthart y L. van Zoonen, «Power to the frame...».

ficado. Snow, Rochford, Worden y Benford plantean el término *alineamiento de marcos* para explicar los efectos persuasivos del mensaje.[9]

El alineamiento de marcos se da cuando el conjunto de intereses, valores y convicciones de los individuos es congruente y complementario con las actividades, metas e ideología contenidas en los marcos.[10] La idea es que, para que los individuos participen en una convocatoria social o política, tiene que darse una empatía entre ellos y los convocantes, de tal manera que la construcción de significado sea producto de las interacciones y negociaciones colectivas. Estas pueden dar como resultado el tránsito de un marco a otro, la ampliación del marco o su transformación.

Richard Neustadt encuentra que la influencia efectiva de los presidentes se deriva de tres puntos de partida relacionados entre sí: el primero son las ventajas en las negociaciones, inherentes al cargo, con las que el mandatario puede persuadir a la comunidad política de que lo que él busca de ellos es lo que sus propias responsabilidades les exigen. El segundo son las expectativas de esa comunidad política con respecto a su capacidad y voluntad para utilizar las ventajas que piensan que el presidente tiene. El tercero es el cálculo que esta comunidad hace de la manera en que el público percibe la gestión del presidente y de cómo serán vistos por sus propios públicos si lo apoyan.[11]

Regreso aquí a la propuesta de observar el habla de los medios y el habla pública, de Vliegenthart y Van Zoonen, para evaluar los efectos de los marcos del lopezobradorismo, que son, por su propia naturaleza, polarizantes. Ya que el conflicto es el punto de partida,

---

9 David Snow, Burke Rochford Jr, Steven K. Worden y Robert D. Benford, «Frame Alignment Processes, Micromobilization, and Movement Participation», *American Sociological Review*, 51, 1986, pp. 464-481.

10 D. Snow y R. Benford, «Ideology. Frame Resonance…».

11 Richard Neustadt, *Presidential Power and the Modern Presidents, The Politics of Leadership from Roosevelt to Reagan*, Nueva York, The Free Press, 1991.

hay quienes acogen la interpretación que se les ofrece desde Palacio Nacional como una versión objetiva de la realidad, pero también existe otro sector importante de la opinión pública —y de la opinión publicada— que se muestra totalmente contrario a lo que el presidente y sus invitados exponen como resultados de la gestión del Gobierno.

Al llegar a la presidencia en diciembre de 2018, López Obrador retomó la estrategia de comunicación que le había sido tan útil durante su gestión al frente de la jefatura del Distrito Federal: la conferencia de prensa matutina. El presidente usa esta herramienta de manera poco convencional, aunque muy efectiva, porque le ha servido como un púlpito para hablarles a sus feligreses, como un espacio de propaganda, además de como un vehículo para fijar día con día la agenda pública.

Los marcos del lopezobradorismo y la conferencia de prensa

Convencionalmente, las conferencias de prensa son ejercicios de rendición de cuentas; con ellos, los Gobiernos buscan que su versión de los hechos sea retomada por los medios y por la opinión pública. Suceden a través de una convocatoria, que puede ser diaria o solo en ocasiones especiales; ahí los posicionamientos o las sesiones de preguntas y respuestas están diseñados con la intención de establecer un intercambio de mensajes en el que se reflejan los intereses de comunicación de cada uno de estos actores. En las democracias, este ejercicio supone asumir un compromiso compartido entre los políticos y los medios para la construcción de la información que se ofrecerá a la ciudadanía. En el caso del Gobierno, por lo general, hay un portavoz que tiene como tarea enfocar la atención hacia lo que es sustantivo para el proyecto político: promover las políticas o las metas del presidente, y abogar por las acciones o las decisiones del Gobierno.[12] En las ocasiones en las que se precise, tendrá la misión de defender al mandatario de sus críticos.

Las conferencias de prensa tienen también el propósito de fijar los códigos de interacción entre sus participantes, con el objeto de ganar el «combate» por el significado, incluyendo la construcción que hacen los medios de los asuntos sociales o políticos, o de las controversias públicas, así como la manera en que los distintos públicos reaccionan ante el intercambio de mensajes.

En algunos países, el presidente conduce la conferencia de prensa personalmente, pero solo en los momentos delicados o de coyuntura, que demandan que comunique sin filtros su interpretación de lo que está sucediendo o que dé una respuesta directa a las inquietudes de la sociedad. No obstante, López Obrador tomó la decisión de ser él su propio portavoz presidencial y de ceñirse a sus marcos interpretativos, para ofrecer su versión de los temas que han ocupado o preocupado a los medios y a la ciudadanía durante su gestión.

Ahora bien, la agenda pública es el lugar en el que se confrontan las visiones de los hechos de los actores que intervienen en los procesos de comunicación política. Cada uno de ellos participa para definirla, con intereses y propósitos distintos; también se propone la meta de ejercer el liderazgo sobre los temas que resaltan y sobre el enfoque que se les dará a estos en las conversaciones públicas.

En los procesos de comunicación política, los marcos de referencia, junto con la definición de agenda y la preparación de la noticia *(priming)* son los ejes que determinan las estrategias a seguir. La dimensión comunicativa examina el significado que otorga el público a esas formas de interpretar la realidad; el enmarcado dispone la ruta hacia la que se dirigirán las interacciones de los actores en el intercambio de mensajes.[13]

---

12 Y. Meyenberg y R. Aguilar, *La comunicación...*, p. 23.

13 María José Canel, *Comunicación política. Técnicas y estrategias para la sociedad de la información*, Madrid, Tecnos, 1999.

Si, habitualmente, las conferencias de prensa han ocupado un lugar determinante en la definición de la agenda,[14] en el caso de la presidencia de López Obrador, la conferencia no solo contribuye a ubicar la temática de la discusión, sino que además es el lugar en donde se establece la agenda y se ofrece un marco muy preciso para su interpretación.

Retomo lo que expuse en el capítulo 1 para recordar que el encuadre hace referencia a la forma en que los actores de la comunicación presentan la información, para que esta interactúe con los esquemas que existen en la mente del público y les facilite entender lo que se les informa. El encuadre es una herramienta que reduce la complejidad de un tema y ayuda a los comunicadores a presentarlo de modo que consigan una interpretación compartida del mismo.

Los marcos establecen, además, las fronteras de interpretación de los hechos sociales; al hacerlo, fijan los términos de la discusión sobre las acciones y los dichos de los políticos o las instituciones, la manera en que se evalúa el contexto político y la forma en que se presentan los problemas. Chihu lo sintetiza como «el proceso simbólico de construcción y comunicación del significado de un objeto, sea este la imagen e identidad de un actor, de un acontecimiento, de un problema social o de una controversia».[15]

El enmarcado es también un proceso que organiza las acciones de comunicación de los medios.[16] Las fuentes de comunicación, los lideres de opinión, los medios de comunicación, las instituciones y los actores sociales definen la relevancia y la visibilidad que darán a un asunto social o político o una controversia pública a través de la delimitación de los marcos.[17]

---

14 Dorothy Smith, *The Conceptual Practices of Power, A Feminist Sociology of Knowledge*, Boston, Northeastern University Press, 1990.

15 A. Chihu Amparán, «El *framing* de la imagen…», p. 2.

16 James Dearing y Everett Rogers, *Agenda Setting*, Londres, SAGE, 1996.

17 T. Nelson, R. Clawson y Z. Oxley, «Media Framing…».

La interacción entre la oferta simbólica, el impacto de las noticias y la adhesión a los mensajes contenidos en los marcos está condicionada por la interpretación que el público hace de ellos, en sus contextos sociales y culturales particulares, así como a las condiciones históricas específicas. Está condicionada también por las constelaciones de poder en que se desarrollan.

En el terreno de la comunicación política, el proceso de enmarcado cumple la función de convocar al público, ofreciéndole información que concuerde con sus parámetros culturales y políticos. En el caso de los medios de comunicación, el efecto de los marcos estará dado por su habilidad para transmitir de manera exitosa su visión construida de los hechos. La selección de lo que se incorporará a la noticia y de otros elementos persuasivos que refuercen los argumentos presentados es también parte de este ejercicio. Los mensajes pueden reflejar distintos enfoques; no obstante, el éxito de un enmarcado en términos mediáticos estará siempre asociado a su relevancia o notoriedad, cuestión que implica encontrar el contenido, más los dispositivos retóricos y visuales que hagan que una pieza de información sea más significativa o memorable para los espectadores que otra.[18]

Los medios de comunicación buscan influir, a través del uso de sesgos informativos, en la manera en que el público interpreta las noticias. Esto se logra al ofrecer una interpretación o un juicio particular sobre los hechos, utilizando un lenguaje específico e imágenes estereotipadas para construir la noticia.[19]

El éxito del enmarcado, en una estrategia de comunicación, depende también del contenido de los mensajes y de su pertinencia temporal. El contenido debe coincidir con los juicios del público, con sus rasgos culturales y con sus sistemas de creencias. La temporalidad se refiere a la permanencia de un mensaje en los medios y a su ca-

---

18 Robert M. Entman, «Framing: Towards…», p. 52; Lene Aarøe, «Investigating Frame…».

19 Timothy Cook, *Governing with the News, News Media as a Political Institution,* Chicago, University of Chicago Press, 1998; R. M. Entman, «Framing: Towards….».

pacidad de convertirse en una historia susceptible de llamar, por un tiempo, la atención del público.[20]

En el caso de los presidentes, lo que se busca es brindar una explicación que favorezca a la institución. Los mandatarios están interesados no solo en lo que la gente conoce de las políticas públicas, sino también en la manera en que piensa respecto de estas. A través del encuadre, el Gobierno quiere marcar los términos del debate a su favor y definir las premisas a partir de las cuales se evaluarán sus acciones.[21]

Una de las condiciones de un buen relato es su capacidad para mantener el interés y la expectativa del público, al dividir los temas y los acontecimientos en episodios en los que se va dosificando la explicación de los hechos. Los marcos más eficaces son los que muestran eventos concretos y casos particulares, además de señalar una manera de interpretar los hechos sociales. En este tipo de marcos se presentan detalles de interés humano con los que se espera desatar emociones y reacciones personales en el público.[22] Los detalles que se incluyen ayudan a ofrecer una versión real de un problema social o político[23] y presentan, además, personajes específicos hacia los que el público puede dirigir sus reacciones emocionales. En los marcos episódicos, las emociones son la fuerza que condiciona su poder persuasivo y, en este sentido, cuando no se consigue mover ninguna emoción del público, se sabe que tendrán un bajo impacto en sus opiniones y en su visión del problema.[24]

---

20 S. Iyengar, *Is Anyone Responsible*... y «Framing Responsibility...».

21 John Edwards, *Language and Identity*, Cambridge, Cambridge University Press 2009, p. 190.

22 K. Gross, «Framing Persuasive...»; Patti Valkenburg, Holly Semetko y Hubert Claes, «The Effects of News Frames on Readers», *Communication Research*, *26*(5), 1999, pp. 550-569, DOI:10.1177/009365099026005002.

23 Holly Semetko y Patti Valkenburg, «Framing European Politics: A Content Analysis of Press and Television News», *Journal of Communication*, *50*(2), 2000, pp. 93-109, DOI:10.1111/j.1460-2466.2000.tb02843.x.

24 Lene Aarøe , «Investigating Frame...».

A lo largo de su trayectoria política, López Obrador ha construido un relato propio, cuya consistencia se encuentra en la tenacidad con la que ha difundido su visión de la historia pasada, presente y futura. En la conferencia mañanera es donde ha podido desarrollar todos esos atributos de comunicación: hay una serie de temas que son parte del gran relato de la Cuarta Transformación, que se mantienen en la agenda y a los que el presidente recurre cuando juzga que servirán de contrapeso a una situación crítica, o simplemente, como recordatorio de la gran epopeya que afirma encabezar. A decir de Espino:

> El presidente ha dirigido todas sus acciones y palabras a un solo objetivo estratégico: ganar la batalla por el control de la realidad para, de ahí, erigirse como la única voz con autoridad y el único poder legítimo [...] ha sido capaz de transformar la compleja historia política de México de los últimos treinta años en una narrativa simple, vívida, memorable, con personajes bien delineados que están enfrascados en una batalla épica permanente entre el bien y el mal.[25]

En cuanto a las emociones, hay tres posiciones que se reiteran con gran eficacia en la narrativa de López Obrador. La primera es la de la existencia de enemigos que están en contra de su persona, su proyecto y el pueblo; estos enemigos buscan mantener sus antiguos privilegios, derivados de una corrupción generalizada de la que fueron protagonistas o cómplices; por ello están en contra de una transformación dirigida a cambiar la correlación de fuerzas en beneficio de los pobres. Aquí, el detonante del marco populista contribuye a mantener la atención de los distintos públicos —incluyendo los medios de comunicación—, así como a orientar el clima de opinión.

---

25 L. A. Espino, *López Obrador: el poder…*, pp. 16-19.

Martha Joynt señala que un aspecto importante para entender o analizar la lógica comunicativa de las conferencias de prensa son sus participantes: el portavoz, sus invitados y los reporteros a los que les permite intervenir en ella.[26] En efecto, en las conferencias matutinas de López Obrador existe una serie de peculiaridades digna de señalarse. Por ejemplo, que el presidente se considere a sí mismo como el único portador de la información fidedigna sobre su gobierno. Asimismo, que cualquier intento de los reporteros de refutar lo que él dice —incluso con evidencias reales— es descalificado; en la mayoría de los casos, como se ha comentado ya, con la frase «Yo tengo otros datos».

En esta misma lógica, los invitados a las conferencias tienen que ajustar sus intervenciones a la evaluación que el presidente tiene de los logros de su gobierno; en reiteradas ocasiones los corrige cuando la cifra que citan, o la respuesta que ofrecen a los medios, no concuerda con su idea de lo que se ha avanzado o de lo que tiene que ser.

Otro de los rasgos distintivos de estas conferencias son los señalamientos que en ellas se hacen a los distintos «enemigos de la Cuarta Transformación».[27]

Los periodistas, comentaristas y los diarios nacionales e internacionales son objeto constante de crítica porque, de acuerdo con el mandatario, tergiversan la realidad para mostrar un gobierno errático e incompetente. Desde su punto de vista, «ejercen el periodismo de manera irresponsable y representan al conservadurismo de México y del mundo», «quieren que nos vaya mal» y la explicación que ofrece a tal conducta es que los medios «son damnificados del presupuesto público», «buscan que el poder mediático

26 Martha Joynt Kumar, *Managing the President Message. The White House Communication Operation*, Washington, The Johns Hopkins University Press, 2007.

27 Todas las frases que presento entrecomilladas, a partir de esta y hasta la siguiente nota, fueron dichas por el presidente López Obrador en varias de sus conferencias de prensa matutinas.

se imponga a la autoridad, ahora no, la gente quiere que haya cambio, quiere que haya democracia, que el pueblo decida».

De la mayoría de los empresarios, el presidente piensa que siguen empeñados en acumular capital con «una actitud insensible a las necesidades del pueblo». En este grupo entran también lo que él llama las empresas trasnacionales, a las que acusa porque obtuvieron «jugosos contratos en el período neoliberal» y les advierte que «no vamos a seguir permitiendo que se beneficien del dinero del pueblo».

López Obrador concibe el ejercicio del poder a la vieja usanza, pretende ser un presidente sin contrapesos; por ello no le gusta ninguna institución, ni pública ni privada, que cuente con autonomía para evaluar los actos de su gestión o para poner un freno a los intentos de abuso de autoridad. Por ejemplo, el INE y el Instituto Nacional de Transparencia, Acceso a la Información y Protección de Datos Personales (INAI), que tienen la función de acotar la autoridad presidencial o señalarla si está infringiendo los códigos o leyes correspondientes.

López Obrador considera que ellos son «representantes del período neoliberal» que «solo simulan y tienen un gran presupuesto», «es obvio que están en contra [...] esos recursos se pueden utilizar en educación, salud, bienestar [...] es tiempo de que el Gobierno esté con el pueblo». Acusa que los crearon para desorganizar al Estado, que por eso «surgieron como hongos». En particular, ha emprendido una cruzada en contra los consejeros del INE, a los que se refiere, en la conferencia matutina, como «esos intelectuales orgánicos quisieran que fuera como antes, que no hubiera derecho de réplica, [pero] el pueblo tiene derecho a estar informado», y a quienes reclama «si no puedo hablar de fraudes, de compra de votos, que me lo digan, si ya no tengo derecho a defender la democracia», «nosotros no vamos a hacer propaganda, no vamos a hacer lo que nos hicieron los anteriores Gobiernos cuando el titular del INE se hizo de la vista gorda»; «yo convoco al pueblo a que diga si está bien que el INE quiera silenciarnos [...] ahora, como está de moda la censura [...] pero no pueden quitarle al pueblo el derecho a estar informado».

Los políticos de oposición, ya sean miembros del Congreso, gobernadores o expresidentes, son todos emisarios del abuso de poder y de la corrupción, de quienes dice: «están atentando contra el pueblo» y llega a presentar a estos enemigos con nombre y apellido, como «Salinas de Gortari, padre de la desigualdad moderna». Sobre las coaliciones opositoras que han integrado el PAN, el PRD y el PRI ha dicho: «nos dejaron el país en ruinas, nunca les importó el pueblo, se dedicaron a robar, a saquear. Esa es una característica del conservadurismo. En lo moral son muy hipócritas y en lo material son muy corruptos»; «se quitan las máscaras y se abrazan para luchar por los privilegios que la transformación les ha arrebatado»; «que convenzan a la gente para que voten por ellos, por el régimen corrupto que nos dejó como estamos y que no quiere la transformación», «lo que buscan es la mayoría en el Congreso, para que ya no podamos dar apoyos sociales, siempre han estado en contra de que se ayude al pueblo [...]. Dicen que somos el Gobierno de la plebe, de los nacos, así, usando ese racismo».

En contraste, su evaluación de los alcances de la transformación es que «ya no hay corrupción, estamos en otra realidad, nosotros no vamos a hacer nada que ponga en duda nuestra integridad moral».

Con respecto a sus opositores, el presidente ha afirmado «no es mi fuerte la venganza [...] y no guardo odio a nadie, no guardo rencor». No obstante, en estas conferencias matutinas fue donde emprendió un importante —aunque infructuoso— proselitismo para promover la consulta popular, con la que se decidiría si se llevaría a juicio a los últimos cinco presidentes de la república.

Los académicos tampoco le agradan, porque piensa que: «un razonamiento, una argumentación de un campesino, de un obrero, de una mujer, de un hombre del pueblo, de un maestro, de un comerciante, tiene muchísima más profundidad que los comentarios de los expertos, de los intelectuales, que están perdidos porque se entregaron por entero al lucro y perdieron su imaginación, perdieron el talento».

Otro contrapeso que disgusta a López Obrador son las organizaciones de la sociedad civil, porque le señalan los errores y las omisiones de su gestión; a ellas también las pasa por el tamiz de los buenos y los malos, los liberales y los conservadores, los neoliberales y los populistas. Opina que «los buenos son los que apoyan la transformación», mientras que quienes no lo hacen son los representantes de la etapa del neoliberalismo. Al respecto, en su conferencia del 7 de mayo de 2021, López Obrador informó que había enviado una carta diplomática al Gobierno estadounidense; en ella pedía explicación sobre el financiamiento de su embajada a la asociación civil Mexicanos Contra la Corrupción y la Impunidad (MCCI), y dijo: «Sí hay ese financiamiento, desde el 2018 están financiando a este grupo. Es algo reprobable que un grupo opositor a nuestro Gobierno, que se ha dedicado a obstaculizar todas las obras que se están llevando a cabo mediante la promoción de amparos, como fue en el caso del Aeropuerto de la CDMX, el Tren Maya, se den estos financiamientos de un Gobierno extranjero».[28]

Por otro lado, en junio de 2022, fueron asesinados dos sacerdotes jesuitas en Cerocahui, Chihuahua. La comunidad eclesiástica se pronunció, solicitando al Gobierno una política menos laxa con respecto a la inseguridad prevaleciente en el país; esta petición propició que el clero se convirtiera en otro de los enemigos del lopezobradorismo. Este es un ejemplo de las declaraciones hechas por el presidente al respecto, en una conferencia de prensa:

> ¿Qué quieren los sacerdotes? ¿Que resolvamos los problemas con violencia? ¿Vamos a apostar a la guerra? ¿Por qué no actuaron con Calderón de esa manera? ¿Por qué callaron cuando se ordenaron las

28 «AMLO envía nota diplomática a EU para que explique financiamiento a MCCI», *El Financiero*, 7 de mayo de 2021, elfinanciero.com.mx/nacional/2021/05/07/amlo-envia-nota-diplomatica-a-eu-para-que-explique-financiamiento-a-mcci/.

> masacres, cuando se puso en práctica el «mátalos en caliente»? ¿Por qué esa hipocresía? [...] Eso no se debe permitir a nadie y mucho menos a un religioso, sea pastor de una iglesia evangélica, o sea sacerdote. [...] Hay que tener cuidado con la politiquería, una cosa es que tengan simpatías con los partidos conservadores y otra cosa es la mentira y la calumnia y el levantar falsos testimonios.

Uno de los rasgos del marco cardenista con el que más coincide López Obrador es el nacionalismo. Esto le ha traído tensiones con los Gobiernos español y estadounidense, los que, a su juicio, han atentado contra la integridad del país en ciertos episodios de la historia de este. Es así que el presidente suele repetir en sus conferencias la frase «No somos colonia».

Él parte de la idea de que la monarquía española nos sigue considerando tierra de conquista y colonia. Su resquemor acerca de los españoles se ha manifestado en distintos momentos de su mandato. El 1.° de marzo de 2019, López Obrador envió una carta el rey Felipe VI de Borbón solicitando que el Estado español admitiera su responsabilidad por las ofensas de las que fueron víctima los pueblos originarios durante la conquista y la colonización. La misiva asentaba:

> En la conquista como en el proceso de colonización que siguió se cometieron incuantificables violaciones a las leyes entonces vigentes; entre las más públicas y notorias, se vulneró el principio del quinto real; se impuso la fe y se construyeron templos católicos sobre las antiguas pirámides y con los materiales de estas; se instauraron la esclavitud y las encomiendas; las tierras propiedad de los naturales fueron usurpadas y repartidas a colonizadores y a órdenes religiosas; se realizó un sostenido saqueo de las riquezas naturales, particularmente por medio de la minería; se implantó un ordenamiento social basado en la segregación de castas y razas; se impuso la lengua castellana y se emprendió la destrucción sistemática de las culturas mesoamericanas. [...]

> El Estado que presido no pide un resarcimiento del daño en pecuniario de los agravios que le fueron causados por España ni tiene el propósito de proceder de manera legal ante los mismos; en cambio, México desea que el Estado español admita su responsabilidad histórica por esas ofensas y ofrezca las disculpas o resarcimientos políticos que convengan.[29]

El desafío subió de tono tres años después, cuando en la conferencia de prensa del 9 de febrero de 2022, el presidente dijo que pensaba hacer una pausa en las relaciones de México con el Gobierno español:

> Una pausa para respetarnos y que no nos vean como tierra de conquista. Queremos tener buenas relaciones con todos los Gobiernos del mundo, pero no queremos que nos roben, así como los españoles no quieren que les roben de ningún país. Y hacen bien. Pues tampoco queremos nosotros. [...]
>
> A mí me gustaría que hasta nos tardáramos en que se normalizaran. Creo que nos va a convenir a los mexicanos y a los españoles. Desde luego al pueblo de México y al pueblo de España. [...]
>
> Era un contubernio de arriba, una promiscuidad económica, política, en la cúpula de los Gobiernos de México y de España, durante tres sexenios seguidos, y México se llevaba la peor parte, nos saqueaban. Entonces, vale más darnos un tiempo, una pausa, a lo mejor ya cuando cambie el Gobierno ya se establecen las relaciones. Yo desearía que cuando no esté aquí no sean igual a como eran antes.[30]

Ante estas declaraciones, el ministro español de Asuntos Exteriores, José Manuel Albares, daba esta respuesta: «la relación entre

29 Presidencia de la República, «Carta del presidente López Obrador al rey de España, 25 de marzo de 2019», gob.mx/presidencia/documentos/carta-del-presidente-andres-manuel-lopez-obrador-a-felipe-vi-rey-de-espana.

30 Carmen Morán Breña, «López Obrador pide "pausar" las relaciones entre México y España: "No queremos que nos roben"», *El País*, 9 de febrero de 2022, elpais.com/mexico/2022-02-09/lopez-obrador-habla-de-pausar-las-relaciones-con-espana.html.

España y México es una relación estratégica que va más allá de declaraciones súbitas o palabras puntuales».[31]

Estados Unidos es otro de los países que el presidente ve como exponente del imperialismo, y así se lo ha hecho saber a sus mandatarios. El 8 de julio de 2020, en su discurso durante una visita a Washington, siendo presidente Donald Trump, López Obrador afirmaba:

> Lo que más aprecio es que usted nunca ha buscado imponernos nada que viole o vulnere nuestra soberanía. En vez de la Doctrina Monroe, usted ha seguido, en nuestro caso, el sabio consejo del ilustre y prudente George Washington, quien advertía que las naciones no deben aprovecharse del infortunio de otros pueblos. Usted no ha pretendido tratarnos como colonia, sino que, por el contrario, ha honrado nuestra condición de nación independiente.[32]

Tiempo después, en un encuentro virtual, compartió con la vicepresidenta Kamala Harris la frase coloquial que solemos usar al referirnos a nuestra relación con el país vecino: «Pobre México, tan lejos de Dios y tan cerca de Estados Unidos».

El presidente tiene una nostálgica visión de lo que debe ser la relación continental entre los países de América, inspirada también en el cardenismo, que presupone el menosprecio de la potencia estadounidense hacia los países del sur, cuyos gobiernos son de izquierda, de ahí su defensa del pueblo cubano. Esta es la explicación, que dio en su conferencia de prensa del 9 de junio de 2022, respecto a su ausencia en la Cumbre de las Américas:

---

31 *Idem*.

32 Presidencia de la República, «Versión estenográfica. Firma de Declaración Conjunta y mensaje a medios de comunicación», 8 de julio de 2020, gob.mx/presidencia/articulos/version-estenografica-firma-de-declaracion-conjunta-y-mensaje-a-medios-de-comunicacion.

> Nosotros estamos representados, pero al mismo tiempo lo hacemos bajo protesta, porque no aceptamos que se excluya a nadie.
>
> Queremos la unidad de todos los países del continente americano en beneficio de nuestros pueblos y no queremos alentar bloqueos ni discriminación. No estamos de acuerdo con mantener la misma política de siempre, intervencionista, que afecta a la gente que tiene que ver con las cúpulas de poder económico y político; las diferencias arriba, por cuestiones ideológicas, por dogmatismos, por intereses, porque si se asume una postura, ya lo he dicho varias veces, en contra de un país, se puede sacar beneficio, puede uno llegar a ser hasta senador o a tener dinero, ¿y qué culpa tienen los pueblos? [...]
>
> Entonces, ya no queremos eso, queremos la hermandad, lo que soñaba Bolívar, la integración de toda América, incluyendo a Estados Unidos y Canadá, unirnos, pero por estos intereses de grupos y por la política de odio, se excluye. Ojalá y eso no siga sucediendo. [...]
>
> Pero si va a seguir lo mismo en lo político, interviniendo, diciendo quién se porta bien, quién se porta mal y con una actitud irrespetuosa de la soberanía de los pueblos, pues ¿cómo vamos a dar el otro paso hacia la integración económica con respeto a la soberanía?[33]

Más adelante, el 20 de julio, la Oficina del Representante Comercial de Estados Unidos inició consultas contra el Gobierno mexicano por considerar que este no había cumplido con los términos del Tratado de Libre Comercio México-EU-Canadá (T-MEC). En respuesta a este señalamiento, en la conferencia de prensa de ese día —al son de la canción de Chico Che «¡Uy, qué miedo!»—, declaró: «estamos actuando de conformidad con el interés público, defendiendo al pueblo de México en contra de empresas voraces, acostumbra-

---

33 Presidencia de la República, «Versión estenográfica. Conferencia de prensa del presidente Andrés Manuel López Obrador del 9 de junio de 2022», gob.mx/presidencia/articulos/version-estenografica-conferencia-de-prensa-del-presidente-andres-manuel-lopez-obrador-del-9-de-junio-de-2022.

dos a robar, entre otras cosas, ¿eh? Y presentar las pruebas, para la resolución de la Corte».[34]

Un día después dijo:

> Tenemos muchísimos elementos para responder y, si se trata de una sanción de tipo político, pues también nos vamos a defender. [...]
>
> México es un país independiente y se malinterpreta esta postura, aunque, insisto, insisto, ya parezco disco rayado, de que una cosa que le agradezco al presidente Biden es que siempre habla de que la relación entre nosotros se debe dar en un pie de igualdad, y es respetuoso de nuestra soberanía, y le creo. [...]
>
> La agenda ahora la establecemos nosotros, ahora gobernamos de acuerdo al plan de desarrollo que enviamos al Congreso y que se aprueba en el Poder Legislativo, no son las recomendaciones del Fondo Monetario, ni del Banco Mundial, ni de ningún Gobierno extranjero.[35]

Poco antes, en la conferencia del 18 de julio, a una pregunta sobre la extradición del narcotraficante Rafael Caro Quintero, volvió al tema de la soberanía: «Nosotros somos un Gobierno independiente, autónomo y actuamos de conformidad con nuestra Constitución y con nuestras leyes. Ya no es el tiempo de que se arrodillaban los presidentes, si había algunos que lo hacían. Eso ya no sucede, ya es una nueva realidad, estamos en un proceso de transformación».[36]

---

34 Presidencia de la República, «Versión estenográfica. Conferencia de prensa del presidente Andrés Manuel López Obrador del 20 de julio de 2022», gob.mx/presidencia/articulos/version-estenografica-conferencia-de-prensa-del-presidente-andres-manuel-lopez-obrador-del-20-de-julio-de-2022.

35 Presidencia de la República, «Versión estenográfica. Conferencia de prensa del presidente Andrés Manuel López Obrador del 21 de julio de 2022», gob.mx/presidencia/articulos/version-estenografica-conferencia-de-prensa-del-presidente-andres-manuel-lopez-obrador-del-21-de-julio-de-2022.

36 Presidencia de la República, «Versión estenográfica. Conferencia de prensa del presidente Andrés Manuel López Obrador del 18 de julio de 2022», gob.mx/presidencia/es/articulos/version-estenografica-conferencia-de-prensa-del-presidente-andres-manuel-lopez-obrador-del-18-de-julio-de-2022?idiom=es.

Otra de las peculiaridades de esta conferencia de prensa es que ya no permite el ejercicio del periodismo incisivo, lo que la distingue de las de mandatos anteriores. En efecto, en sexenios anteriores, existía una cultura de colisión entre los voceros de otros presidentes y la fuente. José Carreño[37] refiere que esto sucedía porque el poder público se subordinó a los intereses de las grandes empresas de medios, controladas por el capital privado. Sin embargo, en la actualidad, salvo excepciones, las preguntas y la crónica elaboradas por los reporteros de la fuente no son incisivas. Cuando el presidente se refiere a esto, dice que «se acabó la época donde los medios de comunicación sometían a los servidores públicos a sus caprichos». Y si en otro momento, los representantes de las agencias internacionales eran considerados las voces más sobrias en la presentación de las noticias; ahora, sus intervenciones son esporádicas y sobre temas muy puntuales. Hay, además, reporteros de ciertos medios que están encargados de plantear preguntas *ad hoc*, con el fin de que el presidente exprese su interpretación sobre ese tema, del que le interesa fijar agenda.

La comunicación política cumple dos funciones principales: persuadir e informar. En la primera se usan recursos racionales y emotivos para convencer a la prensa y a la opinión pública de la capacidad de gestión del presidente y de la eficacia del Gobierno. Con la segunda se cubre la obligación del Gobierno de garantizar el acceso a la información y a rendir cuentas a la ciudadanía, para que esta pueda conocer, a partir de datos y hechos concretos, los resultados de las políticas públicas.[38]

Con el fin de solventar estas funciones, parte de la conferencia matutina de López Obrador está estructurada con base en una calendarización temática, que tiene como propósito informar los

---

37 José Carreño, *Para entender a los medios de comunicación*, México, Nostra, 2007.

38 Yolanda Meyenberg, «Introducción», *Estrategias de comunicación presidencial en México (1994-2018)*, México, IIS UNAM, 2019, p. 8; Bob Franklin, *Packaging Politics: Political Communications in Britain's Media Democracy*, Londres, Bloomsbury Academic, 2004.

resultados de su gestión o los asuntos que más preocupan a la sociedad. Por ejemplo, los días 20 de cada mes, se emite un informe sobre seguridad; el primer jueves de cada mes, se exponen los resultados sobre economía. Además, cada semana, los martes, tiene lugar la sección del «Pulso de la Salud», para informar sobre este tema y sobre la pandemia.

La función persuasiva de la comunicación también tiene fechas fijas en la conferencia: los lunes se habla sobre «Quién es quién en los precios», en particular en relación con los combustibles; los miércoles, una sección de la conferencia se destina a exponer «quién es quién en las mentiras», en la que se hace una evaluación sobre lo que se publicó en los medios de comunicación.

Los secretarios de las distintas dependencias acuden a la conferencia matutina si hay algún tema importante de la cartera a su cargo. De acuerdo con datos de SPIN Taller de Comunicación, hasta noviembre de 2021, los secretarios que más intervenciones han tenido en ella son Luis Cresencio Sandoval, de Defensa (147); Marcelo Ebrard, de Relaciones Exteriores (132), y José Rafael Ojeda, de Marina (63).[39]

En el libro *Estrategias de comunicación presidencial en México* (2019) presenté, con Rodolfo Jiménez, un análisis del papel que ha jugado el discurso como instrumento en la comunicación política de los tres presidentes mexicanos que antecedieron a López Obrador. Ahí utilizamos las propuestas de tres politólogos estadounidenses: Samuel Kernell, Richard Neustadt y Jeffrey Tulis,[40] quienes coincidían en la idea de que los presidentes de Estados Unidos tienden, cada vez más, a dirigirse de manera directa a la ciudadanía, a fin de convencerla de la pertinencia de sus decisiones; así ejercen presión

---

39 SPIN Taller de Comunicación Política, Infografía #65 de Conferencia de prensa, 2021, spintcp.com/conferenciapresidente/infografia-65/.

40 Samuel Kernell, Going Public: New Strategies of Presidential Leadership, Washington Congressional Quarterly Press, 1993; R. Neustadt, *Presidential Power...*; Jeffrey Tulis, *The Rhetorical Presidency*, Nueva Jersey, Princeton University Press, 1987.

sobre otros actores políticos, quienes pueden representar un freno o un contrapeso a los propósitos del representante del Poder Ejecutivo. A través del discurso, los presidentes envían mensajes a determinados políticos o grupos de poder.

Tulis se refiere a esto cuando habla de la *presidencia retórica*, a la que entiende como la intención de un presidente de tener a la ciudadanía de su parte al momento de enviar una iniciativa de ley o de reforma a la legislación vigente, con el fin de lograr una ventaja para que estas sean aprobadas en el Congreso y, en consecuencia, para poner en marcha sus políticas públicas o acciones de gobierno.

Kernell, por su lado, acuñó el concepto *going public* (volverse público), que consiste en la estrategia de los presidentes de emitir discursos de manera continua ante muy diversos auditorios, para apelar al público en directo y con mensajes precisos, con el fin de convocarlos a sumarse a las causas del Gobierno. Afirma que para que el presidente pueda tener aliados que apoyen su proyecto político y sus políticas públicas, debe construir una estrategia comunicacional semejante a la que le llevó al triunfo en la elección, es decir, concebir las tareas persuasivas de su gestión como una *campaña permanente*.[41]

Going public depende de la cantidad y calidad de los intentos presidenciales de comunicarse públicamente con la ciudadanía, ya que los discursos, además de ser alocuciones directas, pueden ser conocidos a través de su transmisión en los medios de comunicación y, en la actualidad, en las redes sociales.

Además de la calidad del mensaje, Neustadt incorpora al análisis otro aspecto importante para entender la capacidad persuasiva del discurso: la influencia presidencial. Esta es parte esencial del liderazgo del mandatario y la hace descansar en dos condiciones: reputación y prestigio. La reputación se relaciona con los juicios de

41 Rodolfo Jiménez y Yolanda Meyenberg, «La presidencia retórica en México, el discurso en la estrategia de comunicación de Vicente Fox, Felipe Calderón y Enrique Peña Nieto», en Yolanda Meyenberg (coord.), *Estrategias de comunicación presidencial en México (1994-2018)*, pp. 17-54, México, IIS UNAM, 2019.

los otros tomadores de decisiones acerca de las aptitudes del presidente como político; está basada en su disposición y habilidad para protegerse, ganar aliados y maximizar el malestar de sus adversarios. El prestigio se refiere a la manera en que el presidente se presenta fuera de la esfera política; en esencia, a la forma en que se comunica con la ciudadanía y a su capacidad de generar confianza en la veracidad de lo que dice.[42]

En su estrategia de comunicación, López Obrador ha hecho poco uso del discurso, entendido este como una alocución razonada, con una estructura retórica ordenada y con una argumentación pensada para establecer un diálogo con el auditorio. Esto no quiere decir que haya optado por un recurso distinto al *going public*, todo lo contrario; el suyo es el ejemplo de una presidencia retórica más claro en la historia contemporánea de México.

A través de la conferencia de prensa, el mandatario ha obviado el tamiz de los medios de comunicación para poner en la agenda su propia versión de los hechos. Así, pese a que en los medios, tanto impresos como electrónicos, sí existe una intención de presentar con un sesgo o enfoque propio las notas, respuestas o la información que se difunde cada mañana desde Palacio Nacional, la posibilidad de tener en directo la voz del mandatario, a través de distintos dispositivos tecnológicos, propicia un clima de opinión en el que todos cuentan con mayor autonomía de interpretación.

Como todo lo que sucede en lo que los mercadólogos del sexenio han dado en llamar Cuarta Transformación, existen dos versiones antagónicas sobre sus alcances: la oficial y la de sus críticos. Para los que apoyan lo que se dice en la conferencia de prensa, todos los componentes de una presidencia retórica están presentes: López Obrador cuenta con la reputación y el prestigio suficientes para que lo que

---

42 Yolanda Meyenberg, «La comunicación en la presidencia de Enrique Peña Nieto», en Yolanda Meyenberg (coord.), *Estrategias de comunicación presidencial en México (1994-2018)*, pp. 105-146, México, IIS UNAM, 2019.

informa, explica y responde sea tomado como una clara señal del éxito de su mandato, del buen rumbo del cambio político que se vive en el país y del voto de confianza que deben brindarle.

Con los que tienen una versión caótica de lo que acontece en el país, sucede todo lo contrario, ya que no encuentran ninguna característica persuasiva en su relato. Patrick Charaudeau determina que son tres las condiciones para que un relato político sea persuasivo: la condición de sinceridad, que obliga a decir la verdad; la condición de acción que, para todo discurso que anuncia decisiones o hace promesas, obliga a llevar a la práctica lo que se ha prometido; y la condición de eficacia, que hará que el emisor dé prueba de que tiene los medios para realizar lo que promete, cuyos resultados serán positivos.[43]

En este segundo segmento, hay una intención deliberada de hacer notar los errores y las inconsistencias en las repuestas del presidente, sobre todo, hacia temas en los que los resultados de gestión no han sido los prometidos en campaña. De acuerdo con datos de SPIN-Taller de Comunicación, en los tres primeros años de gobierno, López Obrador había hecho 66 868 afirmaciones no verdaderas —es decir, un promedio de noventa por conferencia— o no sustentadas en información documentada en los sitios oficiales de las dependencias y entidades públicas.

En cuanto a preguntas que busquen conocer la situación real sobre los temas de proyecciones de crecimiento económico, desempleo, índices de confianza de las calificadoras financieras, violencia e inseguridad, así como en los índices de pobreza, López Obrador cuenta con un repertorio de respuestas similares a «Yo tengo —o tenemos— otros datos»: «Tengo mis propios datos»; «No tengo los datos»; «No tenemos el dato» o simplemente «No sé». Otra práctica habitual del presidente, ante preguntas de estos temas, es culpar de

43 *Cfr.* Patrick Charaudeau, *Le discours politique: les masques de pouvoir*, París, Vuibert, 2005.

la situación a una época pasada, en la que los políticos corruptos se dedicaban a traicionar al pueblo.[44]

Entre estas dos posiciones extremas, existe, sin embargo, una franja de la ciudadanía que no observa los sucesos tan en blanco y negro; que avala algunas de las decisiones del presidente, pero no suscribe de manera acrítica su versión de la realidad.

De acuerdo con el sondeo hecho por Consulta Mitofsky, a finales de 2021, el porcentaje de aprobación de López Obrador era del 65.8% o 68% según la encuesta nacional de *El Universal* y Buendía&Márquez.[45] No obstante, un estudio hecho por Gabinete de Comunicación Estratégica señalaba que, de 2018 a 2021, el presidente había perdido casi 26 puntos porcentuales entre los encuestados que aprueban su forma de gobernar al país, porque pasó de 86.2% a 60.8%.[46] En cuanto a las percepciones sobre los atributos personales del presidente, según datos de *El Financiero*, la opinión favorable en torno a su honestidad bajó entre marzo y abril de 2021, de 51% a 44%; también bajaron sus indicadores de liderazgo, de 45% a 41%, y de capacidad para dar resultados, de 37% a 35%.[47]

En relación con sus funciones informativa y persuasiva, los datos de ese periódico sobre la conferencia de prensa indican que, en abril de 2021, la idea de que informaba poco o nada subió de 21% a 35%, de un mes a otro; la evaluación en cuanto a un buen ejerci-

---

44 Yolanda Meyenberg y Jacqueline Peschard, «La democracia en riesgo, la erosión de la apertura informativa», *Estudios Políticos*, 52, 2021, pp. 13-25, doi.org/10.22201/fcpys.24484903e.2021.52.78020.

45 «¿AMLO, al tope de aprobación a la mitad de su gobierno? Esto dicen las encuestas», *El Universal*, 1 de diciembre de 2021, eluniversal.com.mx/nacion/amlo-al-tope-de-aprobacion-la-mitad-de-su-gobierno-esto-dicen-las-encuestas.

46 Gabinete de Comunicación Estratégica, «AMLO. Seguimiento Tercer año de gobierno», 7 de diciembre de 2021, gabinete.mx/images/reportes/2021/politica/rep_AMLO_seguimiento_3er.pdf.

47 Alejandro Moreno, «Cae 4 puntos la aprobación de AMLO y se ubica en 57%», *El Financiero*, 10 de mayo de 2021, elfinanciero.com.mx/nacional/2021/05/10/cae-4-puntos-la-aprobacion-de-amlo-y-se-ubica-en-57/.

cio de comunicación pasó de 49% a 37%. También bajó de 64% a 49% la percepción de que el presidente habla con la verdad; en cambio, el porcentaje de quienes creen que el mandatario habla poco o nada con la verdad subió de 33% a 47%.[48]

Radiografía de la conferencia de prensa

Haré aquí una cronología de uno de los temas, abordados en la conferencia, que han suscitado más conversación: el manejo de la pandemia por parte del Gobierno y su manera de comunicar los distintos tipos de crisis derivados de ella.

En su conferencia del 15 de abril de 2019, el presidente López Obrador decía: «Yo creo que en tres años la atención médica y los medicamentos van a ser gratuitos para todos los mexicanos y vamos a tener un servicio de salud igual que el de los países nórdicos, igual que el de Dinamarca, de Suecia, igual que el del Canadá. Ese es mi compromiso».[49] Un año después la «fortuna» de la que hablaba Maquiavelo le haría constatar cuán equivocado estaba.

En este ejercicio de manejo de crisis, López Obrador tomó la decisión de compartir la vocería con el subsecretario de Prevención y Promoción de la Salud, Hugo López-Gatell Ramírez, quien, además de acudir a las convocatorias matutinas en Palacio Nacional, fue el responsable de una conferencia vespertina en torno a la emergencia sanitaria, de marzo de 2020 a junio de 2021.

Sobre el tema de la pandemia, la estrategia de comunicación de la presidencia ha pasado por todas las fases que los psicólogos

48 Alejandro Moreno, «Cae 12 puntos la aprobación a las "mañaneras" de AMLO», *El Financiero*, 27 de abril de 2021, elfinanciero.com.mx/nacional/2021/04/27/a-los-mexicanos-ya-no-les-gustan-las-mananeras-de-amlo-solo-el-37-las-respalda/.

49 Presidencia de la República, «Conferencia de prensa del presidente Andrés Manuel López Obrador, del 15 de abril de 2019», gob.mx/presidencia/prensa/conferencia-de-prensa-del-presidente-andres-manuel-lopez-obrador-del-15-de-abril-de-2019-197270.

atribuyen a la reacción ante una situación inevitable: incertidumbre, desconcierto, negación, enojo, tristeza y adaptación. De una u otra forma, así se ha abordado en la rueda de prensa matutina; veamos algunas de las declaraciones emblemáticas al respecto.

Detente

El 18 de marzo del 2020, el presidente decía:

> Aprovecho para decir, que hay presiones de todo tipo [...] tenemos asesoría médica, claro que nos preocupa la situación de la epidemia y tenemos que atenderlo, pero también lo otro, y actuar con responsabilidad y por eso se definió un plan [...] es más, ¿para qué desgastarnos?, hasta mentalmente.
>
> Imagínense, vamos a vivir con la preocupación y ya cuando se necesite tener más tranquilidad, porque ojalá no suceda, pero se desate la epidemia, entremos a la fase dos, a la fase tres, entonces vamos a estar ahí sin defensas, todos débiles, eso sí nos va a afectar mucho. Entonces, tenemos que tener confianza, estamos haciendo las cosas como deben de ser. [...]
>
> Y ya vamos a estar más tranquilos, estamos tranquilos, pero vamos a estar más tranquilos porque ya vamos a tener hecho todo lo que se va a aplicar en el caso del agravamiento de la crisis; pero les digo, el escudo protector es como el detente, saben lo que es el detente, ¿verdad? [...] Detente, enemigo, que el corazón de Jesús está conmigo.[50]

Diez días después, el Gobierno llamaba a los mexicanos a un confinamiento voluntario y fue López-Gatell quien se refirió a esta medida como una oportunidad para aprender de las experiencias europeas y desacelerar el ritmo de los contagios. El doctor dijo:

50 Presidencia de la República, «Versión estenográfica de la conferencia de prensa matutina | Miércoles 18 de marzo de 2020», gob.mx/presidencia/articulos/version-estenografica-de-la-conferencia-de-prensa-matutina-miercoles-18-de-marzo-de-2020?idiom=es.

> Reitero para que quede muy claro, no es posible ni aquí ni en ninguna parte del mundo evitar la epidemia, no es posible. La vamos a tener en la fase 2 que ya estamos viviendo y en la fase 3 que se avecina y es la fase más difícil. Y esta fase difícil entraña, conlleva el peligro grande de que se saturen los hospitales y la saturación de hospitales con casos graves puede implicar el riesgo de que no sea posible atenderlos y tengamos muertes que de otra manera serían evitables. Regreso al mensaje enfático. La única manera de reducir hoy, la transmisión es quedándonos en nuestras casas en forma masiva todas y todos y durante período estipulado ya de un mes. Retomo también para que no haya confusión alguna que esto no significa, como lo hemos dicho desde el principio, que se va a evitar que sigan aumentado los casos. Que quede muy claro, seguirán aumentando los casos y va a haber casos graves y va a haber muertes.

Este llamado se acompañó de dos campañas de mercadotecnia bien diseñadas y que han tenido un impacto efectivo. Una, «Quédate en casa», con un *spot* que decía:

> En México y el mundo enfrentamos un reto sin precedente. El COVID-19 es muy contagioso y se extiende por todo el país. La única manera de contenerlo es que todos nos quedemos en casa. Si lo hacemos, todos nos protegeremos de la enfermedad. Debemos ser responsables y salir solo si es estrictamente necesario, tomando las medidas de sana distancia. El virus no discrimina edad ni condición social. Seamos solidarios y juntos saldremos adelante. Quédate en casa.

La otra fue la de «Susana distancia», protagonizada por una superheroína cuyo círculo protector de 1.5 m impide la entrada del virus. En voz de este personaje, se decía que en México teníamos todo para ganarle al COVID-19 y que los esfuerzos como quedarse en casa y mantener la distancia nos permitirían aplanar la curva epidémica. Aconsejaba también organizarse, ser respetuosos, solidarios, tener confianza, así como mantenernos ocupados en acciones positivas y útiles. En redes sociales se promovió con la etiqueta #SanaDistancia y a partir de ahí hubo un buen número de convocatorias que la ubicaron como una estrategia muy exitosa.

Ya se aplanó la curva

El confinamiento tuvo una duración de dos meses y, pese a que los contagios y las hospitalizaciones no habían disminuido, López Obrador declaró, a finales de mayo de 2020, que el país ya había librado la peor etapa de la crisis sanitaria.

> Según los médicos, los especialistas, los científicos y también los que están haciendo las proyecciones, matemáticos, vamos bien, ya se domó la pandemia, ya se alejó el riesgo de una saturación en hospitales que hubiese significado más pérdidas de vidas humanas y mucho dramatismo, eso afortunadamente ya se superó, desde luego tenemos que continuar con las medidas de sana distancia.
>
> Y vamos a la nueva normalidad, que implica comportamientos distintos en nuestra convivencia, tanto en lo familiar como en lo público.[51]

En su conferencia del 9 de junio, López Obrador insistía sobre el tema:

> México está dando un ejemplo en el mundo porque logramos aplanar esta curva y evitar que se saturaran los hospitales sin medidas coercitivas,

51 Presidencia de la República, «Versión estenográfica de la conferencia de prensa matutina | Jueves 28 de mayo de 2020», gob.mx/presidencia/articulos/version-estenografica-de-la-conferencia-de-prensa-matutina-jueves-28-de-mayo-de-2020?idiom=es.

> sin el uso de la fuerza, con la participación voluntaria, consciente, de los ciudadanos.
>
> Esto no se logró en otras partes del mundo, no hay que olvidarlo. En otros países se estableció el toque de queda, se confinó a la gente en sus domicilios y no podían salir o podían salir una vez, dos veces a la semana, y eso un miembro de la familia; aquí no fue así, aquí fue llamando al pueblo a que actuáramos con responsabilidad.
>
> Y hay todo un debate, y bien, sobre las estrategias que se aplicaron, si fueron las correctas en Europa, en América, en todos lados, pero nosotros estamos muy satisfechos con la estrategia que se ha aplicado por recomendación de los médicos.[52]

Aquí he escrito que el presidente no es partidario de una comunicación dialógica; es decir, él quiere que su interpretación, a partir de sus propios marcos, sea apoyada por todos. Esto propició que el segundo vocero, el doctor López-Gatell, tuviera que hacer malabares para contestar, de forma veraz, a las expresiones de preocupación de la sociedad y, al mismo tiempo, avalar la versión del mandatario sobre los resultados de las políticas de contención de la pandemia.

Por ejemplo, sobre el tema del uso del cubrebocas, ante la negativa del presidente de ponérselo, López-Gatell ha declarado: «Los cubrebocas convencionales no disminuyen notoriamente el riesgo de que se pueda adquirir coronavirus o más de 100 o 200 virus que existen todos los días en todo el mundo [...] es una herramienta de tranquilización que la gente busca ante la incertidumbre». Poco después afirmaba que, si bien «no hace daño usar cubrebocas», hacerlo provoca, a veces, un fenómeno llamado *compensación del riesgo*, que consiste en que las personas, al sentirse protegidas porque

52 Presidencia de la República, «Versión estenográfica de la conferencia de prensa matutina | Martes 9 de junio de 2020», gob.mx/presidencia/articulos/version-estenografica-de-la-conferencia-de-prensa-matutina-martes-9-de-junio-de-2020?idiom=es.

tienen la cara cubierta, empiezan a disminuir la atención de otras medidas de seguridad sanitaria. Asimismo, afirmó que el cubrebocas «no es una barrera suficientemente eficaz y efectiva para impedir que una persona que no se quiere contagiar, sea contagiada».[53]

Los portavoces, al ser emisarios de otros, no se encuentran en una situación fácil: si la estrategia de comunicación es exitosa, los elogios se los lleva el jefe; si es un fracaso, la responsabilidad recae sobre ellos. En el caso del subsecretario ha sucedido lo segundo; ha sido fuertemente criticado tanto por la estrategia de contención sanitaria de la pandemia como por la manera de comunicarla.

En julio de 2021, los gobernadores de Aguascalientes, Chihuahua, Coahuila, Colima, Durango, Guanajuato, Jalisco, Michoacán, Nuevo León y Tamaulipas pidieron, a través de un comunicado, la renuncia del doctor López-Gatell. En el documento indicaban que las cifras seguían empeorando y que la emergencia de salud comenzaba a tomar la dimensión de una crisis humanitaria. Solicitaban, además, que fuera reemplazado por un experto en la materia, con conocimiento y humildad para entender, en toda su dimensión, la grave crisis de salud en el país.

En septiembre de ese año, seis exsecretarios de salud —José Ángel Córdova, Julio Frenk Mora, Mercedes Juan, José Narro, Salomón Chertorivski y, a través de un representante, Guillermo Soberón— presentaron el documento *La gestión de la pandemia en México. Análisis preliminar y recomendaciones urgentes*, cuyo propósito era contribuir a resolver el incremento exponencial en los contagios y las muertes por COVID-19. En él plasmaron 14 puntos para atenuar la crisis sanitaria, entre los que destacaban aumentar considerablemente el número de pruebas; unificar los protocolos de salud a

53 «"No hace daño usar cubrebocas": López Gatell», *Excelsior*, 27 abril de 2020, excelsior.com.mx/nacional/no-hace-dano-usar-cubrebocas-López-gatell/1378584>; «El uso del cubrebocas: la polémica que ha seguido a López-Gatell durante toda la pandemia», *Infobae*, 2020, infobae.com/america/mexico/2020/11/19/el-uso-del-cubrebocas-la-polemica-que-ha-seguido-a-lopez-gatell-durante-toda-la-pandemia/>.

los enfermos de COVID-19; diseñar un plan de coordinación de todas las autoridades sanitarias del país, e instalar un comité científico encargado de evaluar y dar seguimiento a las decisiones de política pública del Gobierno.

Pese a la multiplicidad de voces que se mostraban preocupadas por los alcances de la pandemia, o que ofrecían sus diagnósticos y su ayuda para aminorar la crisis, el Gobierno federal no quiso incorporar a esta diversidad de actores políticos y científicos en la búsqueda de soluciones más eficaces.[54]

Usar o no usar cubrebocas, he ahí el dilema

Al igual que otros líderes del mundo, como Trump y Bolsonaro, López Obrador hizo del uso del cubrebocas un asunto político. Pese a que su rechazo a ponerse la mascarilla ha puesto en riesgo a todas las personas cuyo trabajo gira en torno a las actividades presidenciales, porque él mismo contrajo el virus en tres ocasiones, el mandatario sigue sin atender esta práctica sanitaria que la mayoría de los mexicanos ha adoptado por conciencia propia.

En noviembre de 2020, la cuenta de Twitter Noticias ONU publicó un hilo con lo expuesto por los titulares de la Organización Mundial de la Salud, durante una rueda de prensa sobre COVID-19. Fue ahí que el director general de la OMS, Tedros Adhanom Ghebreyesus mencionó: «La situación en #México es muy preocupante. Los números muestran que el país está en mala situación. Cuando suben los casos y también las muertes es un problema muy serio y pediríamos a México que sea serio. Esperamos que todos los líderes den ejemplo».[55]

Se citó también al director ejecutivo del Programa de Emergencias Sanitarias, Michael Ryan, quien indicó: «#México sigue grave-

54 Juan Sebastián Larrosa-Fuentes, «Comunicación pública del gobierno federal mexicano en el contexto del COVID-19», *Análisis Plural*, 2020, pp. 233-245.

55 @Noticias ONU, 30 nov. 2020, 11:18 a. m. twitter.com/NoticiasONU/status/1333460427137748992/photo/1.

mente afectado por el #COVID19. A todos los líderes del mundo les diríamos que es muy importante que sean un modelo en el uso de mascarillas. La gente requiere comunicación muy clara. Si lo que ven en un cartel no lo cumplen las autoridades, hay confusión».[56]

Sobre esto, el doctor López-Gatell consideró que lo que había dicho el director general de la OMS era un consejo que le daba a todas las naciones del mundo: «Lo que dice es lo que le dice a todo el mundo»; y la reacción de López Obrador fue insistir en que no hay evidencia científica que pruebe que el uso de cubrebocas previene los contagios.

A lo largo de la pandemia, el presidente ha sostenido que tanto el doctor Jorge Alcocer (secretario de Salud), como López-Gatell le han dicho que no necesita el cubrebocas si mantiene la sana distancia; también argumenta que cada quien es libre de usarlo o no, que habrá quien lo haga para sentirse más seguro. Ha afirmado que él no impide su uso, sino, por el contrario, que su deseo es que todos actuemos de manera responsable y que nos cuidemos. Frente al anuncio del grupo parlamentario del PAN, de promover un amparo para obligarlo a usar cubrebocas, contestó: «Me voy a poner un tapaboca ¿saben cuándo?, cuando no haya corrupción ya, entonces me pongo tapaboca».[57]

La L y la V en la economía

El confinamiento y las restricciones de movimiento derivadas de la emergencia sanitaria significaron un importante impacto en la economía. La discusión pública comenzó a girar en torno a la figura grá-

56 @Noticias ONU, 30 nov. 2020, 11:16 a. m. twitter.com/NoticiasONU/status/133345979 2011079680/photo/1.

57 Presidencia de la República, «Versión estenográfica. Conferencia de prensa del presidente Andrés Manuel López Obrador, del 31 de julio del 2020», gob.mx/presidencia/ articulos/version-estenografica-conferencia-de-prensa-del-presidente-andres-manuel-lopez-obrador-del-31-de-julio-del-2020?idiom=es.

fica que describiría mejor el ritmo de la recuperación. Una de ellas es la L que indica que, tras una caída aguda de la economía, le sigue una recuperación lenta, que puede durar incluso varios años. Dados los diagnósticos de los indicadores macroeconómicos del país, esta era la forma probable que adoptaría la recuperación en México.

En su conferencia del 10 de junio de 2020, López Obrador hablaba de una recuperación en V, en la que, tras una fuerte caída de la economía, que no dura mucho tiempo, se alcanza una normalización rápida: «Algunos analistas hablan de que va a ser como una 'L', que caímos y que vamos a estar en el fondo durante algún tiempo; mi pronóstico es que va a ser una 'V', que caímos, tocamos fondo y vamos para arriba». También decía: «Mi pronóstico es que vamos a perder en empleos de la economía formal alrededor de un millón con la crisis, por eso estamos incentivando la economía para crear dos millones de nuevos empleos y se están otorgando, como ustedes saben, cuatro millones de créditos para pequeños negocios de la economía formal y de la economía informal, y también créditos personales».[58]

En contraste con el pronóstico presidencial, en una minuta emitida en enero de 2021, la mayoría de los integrantes del Banco de México afirmaba que la recuperación de la economía sería «gradual y prolongada» y que «persiste un entorno de incertidumbre y riesgos a la baja para la actividad económica».

Un diagnóstico semejante hizo la agencia calificadora Moody's que hablaba del inicio de recuperación de la economía en 2021, pero indicaba que sería hasta 2023 que México volvería a los niveles de actividad productiva previos a la pandemia.

Ya señalé la importancia de que el emisor o los emisores de los mensajes cuenten con una buena reputación, que se deriva de la confianza que despiertan en el público, así como de la creencia en que

58 Presidencia de la República, «Versión estenográfica de la conferencia de prensa matutina | Miércoles 10 de junio de 2020», gob.mx/presidencia/articulos/version-estenografica-de-la-conferencia-de-prensa-matutina-miercoles-10-de-junio-de-2020.

la información que ofrecen y la interpretación que hacen de ella es veraz, porque se basa en datos reales. Desafortunadamente, conforme la pandemia avanzaba en el país, la versión oficial de las cifras —relacionadas con hospitalizaciones, capacidad hospitalaria y muertes— dejó de ser considerada representativa de lo que estaba sucediendo. La información técnica del Gobierno —expuesta en las dos conferencias de prensa diarias— y lo publicado en el sitio coronavirus.gob.mx se han cuestionado desde varios frentes: médico, académico, estadístico y periodístico.

La opinión pública, en cambio, ha sido diferente. Conforme la campaña de vacunación fue progresando, la evaluación sobre la manera en la que el Gobierno manejaba el tema de la salud se volvió más favorable. Según datos de *El Financiero*, en febrero de 2022, 48% de sus encuestados opinaba que la vacunación iba bien y el 28% pensaba lo contrario; para julio del mismo año, 68% se inclinaba por una calificación positiva y 20% opinaba de forma negativa. Sobre el manejo de la salud, en ese mismo lapso, la opinión positiva pasó de 42% a 51%, mientras que la negativa, de 38% a 33%.

La noticia soy yo

En su conferencia de prensa del 15 de abril de 2019, el presidente expuso lo que pensaba sobre su relación con los medios:

> «Es que el presidente no debe de desacreditar a los medios». ¡Ah!, los medios sí pueden desacreditar al presidente y el presidente no se debe de defender, se tiene que quedar callado. Eso sí no. Voy a ejercer mi derecho de réplica siempre, con respeto.
>
> Entonces, qué bien que se dan estas cosas porque ayuda, enriquece la vida pública del país; y que, además, si nosotros damos un dato equivocado, corregirlo, que nos estén ustedes haciendo contrapeso, que nadie se sienta absoluto en ningún nivel de la escala social, que

> se garantice el derecho a disentir y poder rectificar. Si hay un dato equivocado, un señalamiento equivocado, decirlo, y si corresponde a la realidad, rectificar y decir: nos equivocamos. No hay que caer en la autocomplacencia. Ese es mi punto de vista, libertad en todos los casos.[59]

Como se puede observar, con el tiempo, López Obrador cambió de opinión, y dos años después iba a calificar a la prensa como lo más lamentable que se ha tenido en los últimos tiempos: «La regla es que tenemos la prensa más injusta, la más distante, la más lejana al pueblo y la más cercana a los grupos de poder conservador. Es un tiempo de oscuridad para los medios de información».[60]

En las conferencias matutinas, hay una serie de asuntos cuyas tramas se prestan para convertirse en episodios que entran y salen de la esfera pública, de acuerdo con la coyuntura del momento, pero que no por ello dejan de ser noticiosos: los migrantes, la pugna con el INE, los proyectos emblemáticos de la Cuarta Transformación —como el Tren Maya—, el caso Lozoya, la sucesión presidencial y los saldos de la delincuencia. En todos ellos, es difícil que los marcos del lopezobradorismo sean el punto de partida para que los medios, los analistas y los académicos hagan una interpretación favorable de los acontecimientos políticos. Esto enfada al presidente y hace que se empeñe, cada vez más, en observar su circunstancia en términos de aliados o adversarios, y en ejercer su derecho de réplica descalificando todo lo que se aleja de su concepción del poder presidencial.

---

59 Presidencia de la República, «Conferencia de prensa del presidente Andrés Manuel López Obrador, del 15 de abril de 2019», gob.mx/presidencia/prensa/conferencia-de-prensa-del-presidente-andres-manuel-lopez-obrador-del-15-de-abril-de-2019-197270.

60 Presidencia de la República, «Versión estenográfica. Conferencia de prensa del presidente Andrés Manuel López Obrador del 4 de mayo de 2021», gob.mx/presidencia/articulos/version-estenografica-conferencia-de-prensa-del-presidente-andres-manuel-lopez-obrador-del-4-de-mayo-de-2021?idiom=es.

López Obrador parte de un silogismo muy sencillo: *la democracia es el poder del pueblo; el elegido por el pueblo para hacer valer su voluntad soy yo; los que me critican son enemigos del pueblo y de la democracia*. Esto crea una situación de estancamiento que no contribuye a fomentar un clima de opinión que enriquezca la vida pública.

Al ser el presidente, tiene ventajas en la definición de la agenda —como indica Neustadt—, pero no las usa a su favor, no destaca lo realmente sustantivo de la transformación que les prometió a los seguidores de su movimiento y a sus votantes. En mi opinión, aunque López Obrador genera mucha atención, no está ganando la lucha en el proceso simbólico de construcción y comunicación del significado; tampoco está ampliando su rango persuasivo, con miras a convocar a una esfera pública más sólida y potente, aunque quizá ese no sea su objetivo.

Apunte final: AMLO visto por AMLO

El artículo 69 de la Constitución establece que el presidente de la república asistirá a la apertura de sesiones del Congreso para presentar un informe por escrito del estado que guarda la administración pública del país (cuando no para que le tomen protesta en el cargo). Este informe, además de ser conocido por los diputados, se pone a disposición de los interesados en consultarlo.

Los informes presidenciales no solo cumplen la obligación constitucional de rendir cuentas, año con año, sobre la manera en que se ejercen los recursos del Gobierno, se mantiene en orden la nación y se atienden las demandas de la sociedad; además son, o deberían ser, seis cortes de caja en los que los mandatorios ponderan las fortalezas, las debilidades y las deudas de su gestión.

El mensaje que acompaña la entrega del informe al Congreso puede ser indicio de una reflexión en la que se contrasta lo prometido con lo logrado, se refrenden los votos sobre lo que se debe alcanzar o, por el contrario, con base en la experiencia, se propongan nuevas rutas de acción. Se puede considerar también como un parámetro de empatía, ya que la manera en que presenta los alcances del Gobierno le otorga al presidente la oportunidad para generar un vínculo de entendimiento y aceptación con la ciudadanía.[1]

1 Yolanda Meyenberg, «Los límites de la información pública y la confianza ciudadana. El caso de México», *Revista de Investigación Social*, *6*(9), 2009, pp. 37-55.

El mensaje también es reflejo del transcurso del tiempo y de la evaluación que el mandatario hace de las distintas etapas que le conducen a la meta que se fijó al asumir la presidencia. El empleo de los tiempos verbales en el discurso político es de suma importancia. Al inicio del gobierno se usará el futuro, porque se considera que todo está por construirse. No obstante, a medida que avanza el gobierno, se esperaría que, a través del uso del presente continuo, se diera la impresión de que ya se han conseguido resultados y que se sigue trabajando. Cuando se acerca el final, es el momento de hablar en pasado, con el fin de mostrar lo logrado de manera contundente.[2]

En el caso de López Obrador, el análisis de estos mensajes permite mirar la manera en que refrenda sus convicciones; entrever su estado de ánimo; conocer sus filias y sus fobias; dar seguimiento a las grandes directrices ideológicas y políticas de la Cuarta Transformación. Otra de las cuestiones que se puede observar es si existe una transformación del personaje, como producto de su conciencia del poder y de lo que va enfrentando en el camino.

¿El primero o el tercero?

Al presidente le gusta generar la sensación de que está en contacto permanente con la gente, que cree fervientemente en lo que hace, que actúa para lograr el bien y que está dispuesto a someterse a la evaluación pública.

Durante sus primeros 12 meses en la presidencia, López Obrador rindió tres informes de su gestión: el de los primeros cien días de gobierno, el 11 de marzo de 2019; el del segundo semestre, a un año del triunfo de Morena en las urnas, y que fue un adelanto de lo

---

2 Yolanda Meyenberg y José Antonio Lugo, *Palabra y poder. Manual del discurso político*, México, Grijalbo, 2011.

que abordó más a fondo el 1.° de septiembre de 2019, en su Primer Informe de Gobierno como tal. El tono de esos tres discursos fue todavía semejante al que utilizó en su campaña; lo que cambió fue la intención: probar que, desde el inicio, estaba actuando para cumplir con lo que les ofreció a sus electores.

Cuando se compara con las hazañas de los próceres de la historia, el presidente siempre dice que él se distingue por su carácter pacífico; en el discurso de cien días lo reiteró así: «A diferencia de lo ocurrido con las tres anteriores transformaciones —la Independencia, la Reforma, la Revolución—, la Cuarta Transformación no ha requerido de una nueva Constitución, pero sí de profundas reformas legales para ajustar el marco jurídico a las nuevas realidades y circunstancias».[3]

Seis son los mensajes que posicionó en esas primeras intervenciones:

Se acabó la complicidad entre los poderes político y económico. Los populistas contemporáneos ofrecen un diagnóstico del malestar de la sociedad y de la crisis de legitimidad de los gobiernos, a partir de la idea de que la pérdida de la centralidad de la política actuó en perjuicio de la integración social y llevó a un proceso de insensibilización generalizada. A esto le ponen una etiqueta: *neoliberalismo*, palabra constante en el hablar de López Obrador. La usa como causa de la mayoría de los males que aquejan al país y para defenderse de las críticas hacia su estilo personal de gobernar. Por ello, no sorprende que una de las primeras frases de su discurso en el Primer Informe de Gobierno haya sido: «es un hecho [...] la separación del poder económico del poder político».[4]

---

3 Andrés Manuel López Obrador, «Versión estenográfica. Informe por los primeros 100 días de gobierno», 11 de marzo de 2019, lopezobrador.org.mx/2019/03/11/version-estenografica-informe-por-los-primeros-100-dias-de-gobierno/.

4 «Discurso del presidente constitucional de los Estados Unidos Mexicanos, Andrés Manuel López Obrador, en su Primer Informe de Gobierno», 1 de septiembre de 2019, lopezobrador.org.mx/2019/09/01/discurso-del-lic-andres-manuel-lopez-obrador-presidente-constitucional-de-los-estados-unidos-mexicanos-en-su-primer-informe-de-gobierno/.

Llegó el fin de la mafia en el poder. «Nada ha dañado más a México que la deshonestidad de los gobernantes y esa es la causa principal de la desigualdad económica y social, y de la inseguridad y de la violencia que padecemos. Por eso, si me piden que exprese en una frase cuál es el plan del nuevo Gobierno, respondo: acabar con la corrupción y con la impunidad».[5]

Estamos destruyendo el legado de la corrupción. Es muy interesante observar la habilidad del presidente para materializar los símbolos que considera emblemáticos de una sucesión de gobiernos abusivos: la residencia oficial de Los Pinos, el avión presidencial, el nuevo aeropuerto de la Ciudad de México, el Estado Mayor Presidencial. Asimismo, su decisión de proceder a destruirlos, como todo movimiento triunfante hace con las efigies del pasado.

La ética es la respuesta. En estos discursos, López Obrador maneja dos preceptos: que, en economía, lo fundamental no es lo cuantitativo, sino la distribución equitativa del ingreso y de la riqueza para poder conseguir la felicidad de la gente. La meta es el bienestar material y el bienestar del alma.

Es el tiempo de los pobres. Al respecto, López Obrador afirma que «el Gobierno de la Cuarta Transformación buscará siempre hacer realidad el ideal de la justicia social empezando por aplicar el criterio de que por el bien de todos primero los pobres».[6] También que «el país no será viable si persisten la pobreza y la desigualdad. Es un imperativo ético, pero no solo eso; sin justicia no hay garantía de seguridad, tranquilidad ni paz social».[7]

Hacer el bien es la fórmula para serenar al país. En las múltiples entrevistas que López Obrador ha tenido a lo largo de su vida, ha expresado la necesidad de serenar al país, refiriéndose a dos hechos:

---

5 *Idem.*

6 Andrés Manuel López Obrador, «Versión estenográfica. Informe por los primeros 100 días…».

7 «Discurso del presidente constitucional de los Estados Unidos Mexicanos, Andrés Manuel López Obrador, en su Primer Informe de Gobierno»…

el aumento del malestar y el agravio social, ocasionados por los excesos de opulencia y dispendio de los gobernantes, y la apropiación del territorio nacional por la delincuencia organizada, además de la violencia que esta conlleva.

En sus informes, ha reiterado el diagnóstico ofrecido en el transcurso de los años: ambos problemas se deben a la pobreza, la desigualdad y la injusticia. Y regresa a la idea de la regeneración moral como propuesta de solución: «La violencia, como lo hemos dicho tantas veces, no se debe enfrentar con violencia, sino haciendo el bien. El mal no se puede enfrentar con el mal, el mal se enfrenta con el bien. [...] Los seres humanos no somos malos por naturaleza, son las circunstancias las que nos empujan a tomar el camino de las conductas antisociales».[8]

Y llegó la pandemia

Los informes de Gobierno del segundo y tercer año han tenido como telón de fondo los estragos de la pandemia de COVID-19, cuyo primer caso en México se diagnosticó el 28 de febrero de 2020.

Al reflexionar sobre el carisma, en el capítulo dedicado al liderazgo, decía que este proviene del ámbito religioso y que se considera como una gracia o un don que le es concedido a algunas personas, para que actúen en beneficio de sus comunidades. Sea cual fuere el origen del carisma, como atributo psicológico y personal de un personaje, o derivado de una situación que le otorga habilidades especiales, llega el momento en el que estos líderes se piensan capaces de hacer o conseguir milagros, como aplanar una curva epidemiológica en franco ascenso o lograr un crecimiento económico del 5% en plena crisis. Ya me referí, en el capítulo anterior, a la manera en que, en las conferencias de prensa, el presidente maneja

8 A. M. López Obrador, «Versión estenográfica. Informe por los primeros 100 días...».

este don para enfrentar los problemas sanitarios, económicos y sociales, derivados de la nocividad de COVID-19: a través de un sinfín de explicaciones que son muy suyas, así que aquí solo revisaré lo que ha dicho en sus últimos dos informes a la nación y en su último libro.

Los mensajes de estos informes son semejantes en términos ideológicos a los anteriores; lo que se puede observar son cambios de matiz en la actuación del personaje. Al inicio de la presidencia, López Obrador mostraba optimismo y voluntad; además, era capaz de transmitir su fe en la posibilidad de un cambio político radical. En el segundo y tercer años de mandato, pese a que reitera constantemente la retórica de la transformación, se muestra más reactivo a las críticas y reacio a acoger las alternativas de solución que le ofrecen los expertos o sus allegados ante los problemas del país.

El presidente se considera a sí mismo como un buen mandatario; lo muestra en el segundo informe, cuando se califica de esta manera: «no es para presumir, pero en el peor momento contamos con el mejor Gobierno». Ratifica esta evaluación a la sazón del manejo gubernamental de la crisis sanitaria:

> En cuanto a nuestra actuación, hemos hecho todo lo humanamente posible para enfrentar la pandemia y salvar vidas. Es público y notorio que informamos y respondimos a tiempo, y que levantamos con oportunidad el sistema de salud pública, que estaba en ruinas. No titubeamos en destinar recursos a la atención de la crisis sanitaria. En fin, se logró que ningún enfermo se quedara sin una cama, equipo de respiración o personal de salud que lo atendiera; aun cuando en estos sensibles y tristes acontecimientos no es correcto hacer comparaciones, me limito a decir que nuestro país no está colocado, ni en América ni en el resto del mundo, en los primeros lugares en mortalidad por COVID-19.[9]

9 A. M. López Obrador, *A la mitad…*, p. 60.

López Obrador tiene también en buen concepto su capacidad de gestionar la crisis económica y dice que la ha resuelto «con una fórmula distinta, peculiar, heterodoxa, diría única en el mundo. Ahora, todos los apoyos y créditos se entregan de manera directa para reactivar la economía de abajo hacia arriba». Decreta, además, que el momento crítico fue transitorio y lo da por terminado: «Ya pasó lo peor y ahora vamos para arriba, ya se están recuperando los empleos perdidos, se está regresando poco a poco a la normalidad productiva y ya estamos empezando a crecer».[10]

Al personaje López Obrador le gusta acortar la distancia ante todo lo que le resulta amable, como las pequeñas o grandes manifestaciones de apoyo político; por el contrario, sabe mantenerla ante lo que le es incómodo o pone en evidencia su incapacidad de respuesta ante un grave problema. Por ejemplo, en su Segundo Informe intentó demeritar que la pandemia es una situación que le ha resultado muy difícil y dolorosa a un importante número de personas que perdieron a sus familiares y su patrimonio; cerró el mensaje hablando de su proyecto de transformación, como si la crisis sanitaria no lo hubiera trastocado todo: «Sigue en pie el compromiso de terminar de sentar las bases del México del porvenir [...] A partir de entonces, una vez que se tengan construidos los cimientos, solo quedará la tarea de terminar la obra de transformación y seguir gobernando con rectitud y amor al pueblo para contar siempre con su respaldo».[11]

La fidelidad a su narrativa se muestra también en esta reflexión:

> Es un timbre de orgullo el que, a pesar de las crisis sanitaria y económica que provocó la pandemia, y con todo y el sufrimiento que nos

10 Presidencia de la República, «Versión estenográfica. 2.° Informe de Gobierno 2019-2020. Acto encabezado por el presidente Andrés Manuel López Obrador desde Palacio Nacional», 1 de septiembre de 2020 gob.mx/presidencia/articulos/version-estenografica-2-informe-de-gobierno-2019-2020?idiom=es.

11 *Idem*.

> causó, no dejamos de trabajar para consumar la Cuarta Transformación de la vida pública de México y es evidente que si avanzamos y resistimos es porque nos decidimos a enfrentar, en primer término, la peste de la corrupción que tanto daño ha causado a México y a su gente.
>
> Esto siempre lo ha sabido el pueblo, lo ha sabido la gente, desde hace mucho tiempo, pero es ahora que se comprende mejor y se asienta como una realidad, porque el dinero que antes se robaban ahora llega a los de abajo, a los olvidados, a los vecinos, a los marginados de nuestro país.[12]

El Tercer Informe no difiere mucho del anterior, solo que hace más énfasis en los programas distintivos del Gobierno de la Cuarta Transformación y en las obras de infraestructura que quedarán como su legado: la Refinería de Dos Bocas, el Aeropuerto Felipe Ángeles y el Tren Maya. El presidente retoma ahí su herencia cardenista y ocupa gran parte del mensaje para hablar de su política energética.

Cierra con esta reflexión sobre la revocación de mandato:

> Vamos bien y estoy seguro de que la gente va a votar a finales de marzo del año próximo porque continúe mi período constitucional hasta finales de septiembre de 2024. Desde luego, no solo es esto lo único que necesito para cumplir mi misión; falta lo que diga la naturaleza, la ciencia y el Creador. No podemos ser soberbios, pero, si tengo suerte y termino, creo que vamos a consumar la obra de transformación y no dejaremos ningún pendiente.[13]

12 A. M. López Obrador, *A la mitad…*, p. 86.

13 Presidencia de la República, «Versión estenográfica. Tercer Informe 2020-2021. Acto encabezado por el presidente Andrés Manuel López Obrador desde Palacio Nacional», 1 de septiembre de 2021, gob.mx/presidencia/articulos/version-estenografica-tercer-informe-2020-2021.

AMLO fest. Por los buenos tiempos

«Sana distancia» ha sido la frase más asociada con la mercadotecnia del Gobierno para la prevención de contagios de COVID-19. También ha sido el argumento que ha dado el presidente, aconsejado por sus médicos, para no usar cubrebocas. Sin embargo, su convocatoria para celebrar con la feligresía el aniversario de su toma de posesión, en el Zócalo, el 1.° diciembre de 2021, lo que coloquialmente se conoció como *AMLO fest*, resultó un llamado totalmente contrario a la sana distancia. El evento tuvo todos los tintes de un buen acto de campaña: gente apeñuscada, música, mucha simbología morenista y menciones a la oposición. En ese evento, López Obrador hizo esta reflexión, quizá destinada a sí mismo más que a la concurrencia:

> Nada se logra, y esto aplica en México y en todo el mundo, nada se logra con las medias tintas. [...] El noble oficio de la política exige autenticidad y definiciones. Ser de izquierda es anclarnos en nuestros ideales y principios, no desdibujarnos, no zigzaguear. Si somos auténticos, si hablamos con la verdad y nos pronunciamos por los pobres y por la justicia, mantendremos identidad y ello puede significar simpatía, no solo de los de abajo, sino también de la gente lúcida y humana de clase media y alta, y con eso basta para enfrentar a las fuerzas conservadoras, a los reaccionarios.[14]

Coda sobre «*los -ismos*»

La RAE indica que el sufijo *-ismo* forma sustantivos que pueden significar una doctrina, un sistema, una escuela o un movimiento.

14 «Discurso del presidente Andrés Manuel López Obrador a 3 años de gobierno 2018-2021», 1.° de diciembre de 2021, lopezobrador.org.mx/2021/12/01/discurso-del-presidente-andres-manuel-lopez-obrador-a-3-anos-de-gobierno-2018-2021/.

En el caso de la política, las doctrinas ofrecen una explicación en torno a una forma determinada de adquisición del poder y de la autoridad; tal es el caso del *republicanismo*, que defiende el sistema político en el que los asuntos públicos deben ser discutidos y decididos por el conjunto de la ciudadanía, y no por una élite privilegiada.

Un *-ismo* como sistema de creencias es un colectivo que decide suscribir las ideas que otorgan valor a un determinado comportamiento público. Por ejemplo, el *anarquismo*, que se basa en la defensa de la libertad individual sobre la de cualquier tipo de autoridad, lucha por abolir al Estado y a las instituciones de representación del pueblo.

Usado para definir una escuela de pensamiento, se refiere a una doctrina o un conjunto de doctrinas que, al sumarse, ofrecen una visión sistematizada de lo que es la vida en la *polis*. Por ejemplo, el *marxismo*, que reunió en su seno a diferentes académicos que compartían la crítica al capitalismo y proponían una acción colectiva que llevaría al poder a la clase obrera, como paso previo para lograr la emancipación de la sociedad.

Puede referirse también a un movimiento cuya misión es cuestionar y transformar el estado de cosas. En México, uno de los más mencionados es el *zapatismo* encabezado por Emiliano Zapata durante la Revolución en defensa de los derechos de los campesinos.

En México, somos más permisivos con este prefijo y no exigimos ninguna ruptura de paradigmas para incluirlo en nuestro léxico, por lo general, lo usamos para describir el estilo personal alguno de nuestros presidentes que se ha distinguido por sus acciones radicales. Así, en la historia moderna de nuestro país hablamos del gobierno de Lázaro Cárdenas como el *cardenismo*; de la gestión de Carlos Salinas de Gortari como el *salinismo*; y ahora nos referimos al *lopezobradorismo* para describir la forma de gobernar de Andrés Manuel López Obrador.

Las acciones que distinguen a los gobiernos de estos presidentes —consideradas buenas por unos y malas por otros— han partido de su convicción de poner en marcha un nuevo modelo político y económico, que sustituya al existente, en favor de los sectores de la población que no entraban en el esquema de beneficios de su antecesor, o lo hacían precariamente. Las transformaciones han venido acompañadas de un relato en el que se hace un diagnóstico de la situación, se adjudican responsabilidades a la élite anterior por el estado crítico en el que se encuentra el país, se presenta una fórmula para resolver el estado de cosas, y surge un voluntario para estar al frente de un cambio que promete ser el verdadero.

Los tres presidentes a los que he hecho referencia han sido figuras polémicas: amados por sus fieles seguidores y denostados por quienes se han opuesto a su visión de la política. Los tres han sido reconocidos por sus acertadas decisiones y fuertemente criticados por sus errores. Cada uno de ellos ha tenido que enfrentar, durante su mandato, episodios críticos que han marcado su imagen ante la ciudadanía, y lo han hecho de acuerdo con sus personalidades o su estilo de ejercer el poder: unos, enfrentando los problemas; otros, negándolos. Una más de las razones por las que se vincula a su gestión como un *-ismo* es que hay algo en ella que resulta emblemático: una infraestructura faraónica, un cambio drástico en la institucionalidad vigente, una transformación en el modelo de organización de la economía o un conjunto de nuevas políticas públicas que materializan su relato de la transformación.

López Obrador cerraba su discurso de 100 días de gestión hablando de una utopía: «Vamos a seguir construyendo en armonía la Cuarta Transformación. También es reconciliación. Vamos a seguir construyendo, entre todas y todos, la bella utopía; vamos a seguir caminando hacia ese gran ideal de vivir en una patria nueva, libre, justa, democrática y fraterna».[15] En su Segundo Informe, decía: «Estoy convencido que la mejor manera de evitar retrocesos en el futuro depende mucho de continuar con la revolución de las conciencias

15 Andrés Manuel López Obrador, «Versión estenográfica. Informe por los primeros 100 días de gobierno», 11 de marzo de 2019, lopezobrador.org.mx/2019/03/11/version-estenografica-informe-por-los-primeros-100-dias-de-gobierno/.

para lograr a plenitud un cambio de mentalidad que, cuando sea necesario, se convierta en voluntad colectiva, dispuesta a defender lo alcanzado en beneficio del interés público y de la nación».[16]

El problema con el lopezobradorismo es que la dualidad, en el vehículo de la transformación, ha hecho que esta no tenga manera de concretarse. El presidente afirma que nada se logra con medias tintas; sin embargo, eso es lo que está sucediendo en su gestión. Los modelos en los que se ha inspirado —Hidalgo y Morelos, Juárez y Madero— lograron grandes cambios políticos, pero por medio de cruentas luchas contra la élite en el poder y los poderes fácticos, y sus objetivos se consiguieron muchos años después.

Instaurar un nuevo régimen implica emprender un cambio estructural en la organización del poder, lo que también demanda construir instituciones conforme a una nueva concepción del acceso al poder y de su ejercicio, así como de su distribución. Demanda, además, una importante transformación de los marcos legales vigentes. El líder de Morena, al optar por convertir a su movimiento en un partido, ha tenido que ceñirse a los protocolos de una democracia procedimental y sexenal. Así, pese a que en su narrativa insiste en aspirar a un cambio de régimen, lo que ha logrado es que su proyecto de gobierno se distinga por poner en marcha políticas públicas dirigidas a aliviar, solo en parte, la situación de los pobres. Un cambio de régimen toma mucho más de seis años y demanda enfrentar fuertes resistencias de diversa índole; la revolución de las conciencias a la que convoca no depende solo de su palabra. Por eso, López Obrador hace bien al hablar de su intención como una utopía.

El presidente ha seguido su costumbre de mantener un vínculo directo con la población, no solo a través de su conferencia matutina, sino también de sus giras o de los encuentros que organiza con sus

16 Presidencia de la República, «Discurso del presidente Andrés Manuel López Obrador, Segundo…».

simpatizantes con motivo de las conmemoraciones significativas para la Cuarta Transformación. Como dije en el capítulo anterior, este es el ejemplo más representativo de la presidencia retórica en México, lo que podría ser tanto una virtud como un defecto en la estrategia de comunicación de Palacio Nacional.

No obstante, López Obrador es muy disciplinado en su mensaje, que apenas ha cambiado en los últimos veinte años. También ha sido consistente en el cumplimiento de algunas de sus promesas políticas de campaña: ha implantado una política de austeridad en el servicio público, ha dado señas concretas del combate a la corrupción, ha promovido distintos mecanismos de evaluación de sus actos —la consulta de revocación de mandato, el más significativo—; ha roto los vínculos más visibles entre el poder político y la élite económica. Con esto ha construido una narrativa de cambio que, para bien o para mal, ha fijado la agenda pública durante los primeros años de su gestión.

En el lado de los defectos está el hecho de que no ha logrado ser tan eficaz en el cumplimiento de sus promesas económicas y sociales de campaña; en especial en los tres temas más sensibles que hicieron al electorado votar por su membrete político: distribución económica, combate a la pobreza e inseguridad.

En relación con lo primero, en enero de 2022, el *World Inequality Report* indicó que, en México, la mitad más pobre de la población gana solo el 9% del ingreso promedio mundial anual (aproximadamente 3 114 pesos mensuales) y que el 47% de la riqueza del país lo concentra el 1% de la población.[17]

En el combate a la pobreza, aunque el Gobierno ha puesto en marcha todo un repertorio de políticas de asistencia social —por ejemplo, la pensión para adultos mayores, los programas Jóvenes Construyendo el Futuro, Sembrando Vida, Crédito a la Palabra, Be-

17 TResearch, *La desigualdad económica. México en extrema desigualdad*, 2022, drive.google.com/file/d/1qOg47ohR4iybatOz9XsKK9R4lmov8q0n/view.

cas para el Bienestar—, lo cierto es que esto no ha incidido de manera notoria en la disminución de la pobreza. De acuerdo con datos del Consejo Nacional de Evaluación de Desarrollo Social (Coneval), la población que recibe un ingreso inferior a la línea de pobreza en 2020 fue de 52.8%, más que en 2016, cuando era el 50.8%; además, la población en pobreza pasó de 43.2% a 43.9% en ese mismo período.[18]

Las cifras más impactantes son las relacionadas con la inseguridad. Solo por hablar de los delitos más evaluados, los homicidios dolosos, se tiene que en todo el sexenio de Peña Nieto las cifras oficiales registraron 156 066 muertes por esta causa, mientras que en el gobierno de López Obrador, desde que tomó posesión hasta inicio de 2022, el número era de 111 129.[19]

En el libro que escribí con José Antonio Lugo, afirmábamos: «si los esfuerzos y los compromisos no se traducen en resultados, terminan por convertirse en vana retórica. Lo peor que le puede pasar a un político es que su palabra pierda peso».[20] Hacerse público (*going public*), a través de una presidencia retórica, puede ser una estrategia muy útil durante la etapa en la que los mandatarios están poniendo en marcha un proyecto de poder, pero no lo es tanto cuando la ciudadanía está ya esperando resultados concretos, cuando los verbos a utilizar en el discurso deben reflejar algo consumado: *cambiamos por completo*, *dejamos atrás*, *cumplimos*, *logramos*.

Lo que el presidente concluye sobre los primeros años de su gobierno se encuentra en su libro *A la mitad del camino*:

> A solo dos años ocho meses de ocupar la Presidencia, puedo afirmar que ya logramos ese objetivo; repito, sentar las bases para la transformación de México: ahora se respeta la Constitución, hay legalidad y

---

18 Consejo Nacional de Evaluación de Desarrollo Social, «Medición de la pobreza. Pobreza en México», 2021, coneval.org.mx/Medicion/Paginas/PobrezaInicio.aspx.

19 TResearch, *Homicidios en México Cifras diarias e históricas*, 2022, drive.google.com/file/d/1ZRyIUDjm011J0LTqAXJpaEcuBocg8VG8/view.

20 J. A. Lugo, *Apuntes de taller…*, p. 69.

> democracia, y se garantizan las libertades y el derecho a disentir; hay transparencia plena y derecho a la información, no se censura a nadie; no se violan los derechos humanos, no se reprime al pueblo y no se organizan fraudes electorales desde el Poder Federal; el Gobierno ya no representa a una minoría sino a todos los mexicanos de todas las clases, culturas y creencias; se gobierna con austeridad y autoridad moral, no se tolera la corrupción ni se permite la impunidad; en la práctica, no hay fueros ni privilegios; se atiende a todos, se respeta a todos, pero se le da preferencia a los pobres; se protege la naturaleza; se auspicia la igualdad de género; se repudia la discriminación, el racismo y el clasismo; se fortalecen valores morales, culturales y espirituales; se cuida y se promueve el patrimonio cultural e histórico de México.[21]

Esta versión ideal de López Obrador acerca de su gestión coincide muy bien con la narrativa que lo ha acompañado en su travesía política; lo que queda por observar es si resultará suficiente para conseguir el lugar en la historia al que ha aspirado por años, junto a los próceres a los que tanto admira. Quizá, hacia el final de su gestión, insistirá en refugiarse en los marcos de interpretación de la realidad que han distinguido al lopezobradorismo; en el liderazgo centrado básicamente en su persona y en sus capacidades persuasivas; además del relato de transformación que, al menos en palabras, pretende ser radical. El problema es que, como gobernante, no ha podido aún responder al grito con el que el «pueblo bueno» clama por que lo libere de su situación de agravio.

Cierro recordando de nuevo a Rustow y su idea de que «sin milagros no hay fe y sin fe el carisma resulta imposible». Sin cambios sustanciales en la trama, el redentor llegará al final de su travesía sin haber logrado la regeneración nacional que lo valide como el artífice de la gran Cuarta Transformación política de México.

21 A. M. López Obrador, *A la mitad…*, p. 85.

Fuentes consultadas

«Discurso del presidente Andrés Manuel López Obrador a 3 años de gobierno 2018-2021», 1 de diciembre de 2021, lopezobrador.org.mx/2021/12/01/discurso-del-presidente-andres-manuel-lopez-obrador-a-3-anos-de-gobierno-2018-2021/.

«Discurso del presidente constitucional de los Estados Unidos Mexicanos, Andrés Manuel López Obrador, en su Primer Informe de Gobierno», 1 de septiembre de 2019, lopezobrador.org.mx/2019/09/01/discurso-del-lic-andres-manuel-lopez-obrador-presidente-constitucional-de-los-estados-unidos-mexicanos-en-su-primer-informe-de-gobierno/.

Aarøe, Lene, «Investigating Frame Strength: The Case of Episodic and Thematic Frames», *Political Communication, 28,* 2011, pp. 207-226.

Andersen, Kenneth, *Persuasion: Theory and Practice*, Boston, Allyn & Bacon, 1971.

Arendt, Hanna, *Eichmann en Jerusalén. Un estudio sobre la banalidad del mal*, Barcelona, Lumen, 1999.

Bass, B. M. y P. Steidlmeier, «Ethics, Character, and Authentic Transformational Leadership Behavior», *Leadership Quarterly*, *10*(2), 1999, pp. 181-217.

Bateson, Gregory, *Steps to an Ecology of Mind. Collected Essays in Anthropology, Psychiatry, Evolution, and Epistemology*, Chicago, University of Chicago Press, 1972.

Battram, Arthur, *Navigating Complexity. The Essential Guide to Complexity Theory in Business and Management*, Reino Unido, Spiro Press, 1998, pp. 20-23.

Bettinghaus, Erwin, *Persuasive Communication*, Nueva York, Holt Rinehart and Winston, 1973.

Billing, Michael, *Banal Nationalism*, Londres, SAGE, 1995.

Boaks, Jacqueline y Michael P. Levine, *Leadership and Ethics*, Londres, Bloomsbury, 2015.

Bolaños, Ángel, «Ni los más sucios políticos podrán manchar la política: López Obrador», *La Jornada*, 25 de abril de 2005, jornada.com.mx/2005/04/25/index.php?section=politica&article=003n1pol.

Bolívar Meza, Rosendo, «Morena: el partido del lopezobradorismo», *Polis*, *10*(2), 2014, pp. 71-103.

__________, «Movimiento de Regeneración Nacional: democracia interna y tendencias oligárquicas», *Foro Internacional*, *57*(2), 2017, 460-489, doi.org/10.24201/fi.v57i2.2385.

Bostrom, Robert, *Persuasion: Englewood Cliffs*, Prentice Hall, 1983.

Brodbeck, Felix C., Paul J. Hanges y Peter W. Dorfman, *Leadership and cultural variation: the identification of culturally endorsed leadership profiles*, Thousand Oaks, SAGE, 2004.

Brown, Michael E., Linda K. Treviño y David A. Harrison, «Ethical leadership: A social learning perspective for construct development and testing», *Organizational Behavior and Human Decision Processes*, *97*(2), 2005, pp. 117-134, doi.org/10.1016/j.obhdp.2005.03.002.

Brubaker, Rogers, «Populism and Nationalism», *Nations and Nationalism*, *26*(1), 2020, pp. 44-66.

Cámara de Diputados del Honorable Congreso de la Unión, LIX Legislatura, «Versión estenográfica de la sesión de la Cámara de Diputados erigida en Jurado de Procedencia», 7 de abril de 2005, cronica.diputados.gob.mx/Estenografia/LIX/2do/2or2/abr/070405.html.

Canel, María José, *Comunicación política. Técnicas y estrategias para la sociedad de la información*, Madrid, Tecnos, 1999.

Cárdenas, Lázaro, *Obras. I-Apuntes 1913-1940*. Tomo I, México, UNAM (Nueva Biblioteca Mexicana), 1986 p. 366.

__________, *Obras. I-Apuntes 1941-1956*, Tomo II, México, UNAM (Nueva Biblioteca Mexicana), 1986, p. 128.

Carreño, José, *Para entender a los medios de comunicación*, México, Nostra, 2007.

Charaudeau, Patrick, *Le discours politique: les masques de pouvoir*, París, Vuibert, 2005.

Chihu Amparán, Aquiles (coord.), *El «análisis de los marcos» en la sociología de los movimientos sociales*, México, Miguel Ángel Porrúa-UAM-I, 2006.

Chihu Amparán, Aquiles, «El *framing* de la imagen política (Campaña electoral México 2015)». Ponencia en Laboratorio de Comunicación Política, División de Ciencias Sociales y Humanidades, UAM-I, 2015, dcsh.izt.uam.mx/labs/co-municacionpolitica/Publicaciones/Teoria Framing/Chihu2015.pdf.

__________, «La teoría del *framing*. Un paradigma interdisciplinario», *Acta Sociológica*, 59, 2012, pp. 77-101.

Ciulla, Joanne B., *Ethics, the Heart of Leadership*, Westport, Praeger, 2004.

Consejo Nacional de Evaluación de Desarrollo Social, «Medición de la pobreza. Pobreza en México», 2021, coneval.org.mx/Medicion/Paginas/PobrezaInicio.aspx.

Cook, Timothy, *Governing with the News, News Media as a Political Institution,* Chicago, University of Chicago Press, 1998.

D'Adamo, Orlando, Virginia García Beaudoux y Flavia Freidenberg, *Medios de comunicación y opinión pública*, Madrid, McGraw-Hill, 2007.

Dearing, James y Everett Rogers, *Agenda Setting*, Londres, SAGE, 1996.

Diálogos por México, México, Nuevo Siglo Aguilar-Televisa, 2006, p. 100.

Duverger, Maurice, *Los partidos políticos*, México, FCE, 1957.

Edwards, John, *Language and Identity,* Cambridge, Cambridge University Press, 2009, p. 190.

Entman, Robert M., «Framing: Towards clarification of a fractured paradigm», *Journal of Communication, 43*(4), 1993, p. 54.

Espino, Luis Antonio, *López Obrador: el poder del discurso populista*, México, Turner, 2021, p. 181.

Espinosa Silis, Arturo, «Nulidad de las elecciones en México (2000-2012)», en Luis Carlos Ugalde y Gustavo Rivera (coords.), *Fortalezas y debilidades del sistema electoral mexicano. Perspectiva estatal e internacional*, México, Tribunal Electoral del Poder Judicial de la Federación, 2014, pp. 501-548, archivos.juridicas.unam.mx/www/bjv/libros/11/5099/15.pdf.

Espinoza, Ricardo, «Las campañas presidenciales del PRI, PRD y PAN en 2006», *El Cotidiano*, *22*(145), 2007, p. 84.

Franklin, Bob, *Packaging Politics: Political Communications in Britain's Media Democracy*, Londres, Bloomsbury Academic, 2004.

Gabinete de Comunicación Estratégica, «AMLO. Seguimiento Tercer año de gobierno», 7 de diciembre de 2021, gabinete.mx/images/reportes/2021/politica/rep_AMLO_seguimiento_3er.pdf.

Gallie, Walter, «Essentially contested concepts», *Proceedings of the Aristotelian Society*, 56, 1956, pp. 167-198.

Gamson, William y Andrea Modigliani, «Media Discourse and Public Opinion on Nuclear Power: A Constructionist Approach», *American Journal of Sociology*, *95*(1), 1989, p. 137.

Gitlin, Todd, *The whole world is watching: news media in the Making and Unmaking of the New Left*, Berkeley, University of California Press, 1980.

Gobierno de México, *Guía ética para la transformación de México*, México, 2020.

Goffman, Erving, *Frame Analysis. Los marcos de la experiencia*, Madrid, Centro de Investigaciones Sociológicas-Siglo XXI, 2006.

Grint, Keith, *Leadership: Limits and Possibilities of Management, Work and Organization*, Londres, Palgrave Macmillan, 2005.

Gross, Kimberlty, «Framing Persuasive Appeals: Episodic and Thematic Framing, Emotional Response, and Policy Opinion», Political Psychology, *29*(2), 2008, pp. 169-192, doi.org/10.1111/j.1467-9221.2008.00622.x.

Habermas, Jürgen, *Teoría de la acción comunicativa: complementos y estudios previos,* Barcelona, Cátedra, 2011.

Heotis, Effie, «Leadership and the Art of Social Persuasion», *SOJ Psychol*, *4*(2), 2017, p. 12, doi.org/10.15226/2374-6874/4/2/00139.

Hosking, Dian, «Organizing Leadership and Skillful Process», *Journal of Management Studies*, *25*(2), 1988, pp. 147-166.

Ingelhart, Ronald, *The Silent Revolution: Changing Values and Political Styles Among Western Publics*, Princeton University Press, 1977.

Iyengar, Shanto., «Framing Responsibility for Political Issues: The Case of Poverty», *Political Behavior*, *12*(1), 1990, pp. 19-40.

__________, *Is Anyone Responsible? How Television Frames Political Issues*, Chicago, University of Chicago Press, 1991.

Jacobs, Owen y Elliot Jaques, «Military executive leadership», en Kenneth Clark y Miriam Clark (eds.), *Measures of leadership*, Greensboro, North Carolina, Center for Creative Leadership, 1990.

Jansen, Robert, «Populist Mobilization: A New Theoretical Approach to Populism», *Sociological Theory*, *29*(2), 2011, pp. 75-96.

Jiménez, Rodolfo y Yolanda Meyenberg, «La presidencia retórica en México, el discurso en la estrategia de comunicación de Vicente Fox, Felipe Calderón y Enrique Peña Nieto», en Yolanda Meyenberg (coord.), *Estrategias de comunicación presidencial en México (1994-2018)*, pp. 17-54, México, IIS UNAM, 2019.

Jowett, Garth y Victoria O'Donnell, *Propaganda & Persuasion*, Thousand Oaks, SAGE, 2012, p. 38.

Joynt Kumar, Martha, *Managing the President Message. The White House Communication Operation*, Washington, The Johns Hopkins University Press, 2007.

Kahneman, Daniel y Amos Tversky, «Choices, values, and frames», *American Psychologist*, *39*(4), 1984, pp. 341-350.

Kernell, Samuel, Going Public: New Strategies of Presidential Leadership, Washington Congressional Quarterly Press, 1993.

Klandermans, Bert, «Mobilization and Participation, Social Psychological Expanisions of resources mobilization theory» *American Sociological Review*, *49*(5), 1984, pp. 583-600.

Krauze, Enrique, «López Obrador, el mesías tropical», *Letras Libres*, 57, junio de 2006, letraslibres.com/revista/el-mesias-tropical/.

___________, *El pueblo soy yo*. México, Debate, 2018, p. 34.

Laclau, Ernesto, *Politics and Ideology in Marxist Theory: Capitalism, Fascism, Populism*, Londres, Verso, 1979.

Lajous, Andrés, «Andrés Manuel López Obrador: Y la máquina seguía...», *Nexos*, 414, 2012, pp. 41-49.

Larrosa-Fuentes, Juan Sebastián, «Comunicación pública del gobierno federal mexicano en el contexto del COVID-19», *Análisis Plural*, 2020, pp. 233-245.

Loaeza, Soledad, «La presencia populista en México», en Guy Hermet, Soledad Loaeza y Jean Francois Prud'homme (coords.), *Del populismo de los antiguos al populismo de los modernos*, pp. 365-392, México, El Colegio de México, 2001, p. 365.

López Obrador, Andrés Manuel, «256 Aniversario del Natalicio de José María Morelos y Pavón, desde Jojutla, Morelos», 30 de septiembre de 2021, youtube.com/live/hB-DiXuhs3I?feature=share&t=1665.

___________, «Anuncia AMLO que el 21 de marzo se celebrará un congreso para constituir las bases de una República Amorosa», 16 de enero de 2012, lopezobrador.org.mx/temas/republica-amorosa/.

___________, «CVII Aniversario Luctuoso de Francisco I. Madero y José María Pino Suárez», desde Palacio Nacional, 23 de febrero de 2020, youtube.com/live/ZWqVlS91ds0?feature=share&t=752.

___________, «Desfile cívico militar: 211 años del Grito de Independencia», 16 de septiembre de 2021, youtube.com/live/gAaA4UH9bJ8?feature=share&t=3097.

___________, «Discurso de Andrés Manuel López Obrador en la presentación del Nuevo Proyecto de Nación», *La Jornada*, 21 de marzo de 2011, p. 10, jornada.com.mx/2011/03/21/politica/010n1pol.

___________, «Morena, ¿qué sigue? Asamblea Informativa AMLO del día 9 de septiembre de 2012», 9 de septiembre de 2012, lopezobrador.org.mx/2012/09/09/.

___________, «Rinde AMLO protesta como candidato del PES a la presidencia de México», 20 de febrero de 2018, lopezobrador.org.mx/2018/02/20/rinde-protesta-amlo-como-candidato-del-pes-a-la-presidencia-de-mexico/.

___________, «Versión estenográfica. Informe por los primeros 100 días de gobierno», 11 de marzo de 2019, lopezobrador.org.mx/2019/03/11/version-estenografica-informe-por-los-primeros-100-dias-de-gobierno/.

___________, «Versión estenográfica. Informe por los primeros 100 días de gobierno», 11 de marzo de 2019, lopezobrador.org.mx/2019/03/11/version-estenografica-informe-por-los-primeros-100-dias-de-gobierno/.

___________, «Volveremos a ganar», 30 de marzo de 2012, lopezobrador.org.mx/temas/volveremos-a-ganar/.

___________, *A la mitad del camino*, México, Planeta, 2021, p. 199.

___________, Conferencia de prensa del 31 de agosto de 2012, youtube.com/watch?v=9_PRIcUZ36.

___________, «Supervisión de la Rehabilitación del Sistema Nacional de Refinación: Refinería "General Lázaro Cárdenas"», en Presidencia de la República, 6 de junio de 2020, youtube.com/live/7jA6R9gUOag?feature=share&t=2467.

___________, «Andrés Manuel López Obrador. Asamblea del 1 de septiembre de 2006. Video histórico de AMLO», en Sociología Contemporánea, youtube.com/watch?v=9ZnIvMFW_KE.

___________, *La mafia que nos robó la presidencia*, México, Grijalbo, 2007, p. 300.

___________, *La mafia que se adueñó de México… y el 2012*, México, Grijalbo, 2012, p. 63.

___________, *Proceso de formación del Estado Nacional en México (1824-1867)*, tesis de licenciatura, México, UNAM, 1987, p. 178.

López, Antonio, «Mario Delgado está dividiendo a nuestro partido», *La Razón*, 30 diciembre de 2020, razon.com.mx/mexico/mario-delgado-dividiendo-nuestro-partido-denuncian-morenistas-418004.

Lord, Robert y Karen Maher, *Leadership and information processing*, Londres, Routledge, 1991.

Lugo, José Antonio, *Apuntes de taller de narrativa*, México, Archivo Personal, 2011.

MacGregor Burns, James, *Leadership*, Nueva York, Harpercollins, 1978.

Madrid Hurtado, Miguel de la, «Fundamentos de la renovación moral», *Memoria Política de México,* 1982, memoriapoliticademexico.org/Textos/7CRumbo/1982MMH-FundRenM.html.

Maquiavelo, Nicolás, *El Príncipe*, México, Gandhi, 2019.

Marcuse, Herbert, *Cultura y sociedad*, Buenos Aires, Editorial Sur, 1970, p. 46.

McAdam, Dough, «Political Opportunities: Conceptual Origins, Current Problems, Future Directions», en Dough McAdam, John D. McCarthy y Mayer N. Zald, (coords.), *Comparative Perspectives on Social Movements: Political Opportunities, Mobilizing Structures, and Cultural Framings*, pp. 23-40, Cambridge University Press, 1996.

McCarthy, John, «Pro-Life and Pro-Choice Mobilization: Infrastructure Deficits and New Technologies», en Mayer N. Zald y John D. McCarthy (eds.), *Social Movements in an Organizational Society*, pp. 49-66, Nueva Jersey, Transaction Books, 1987.

McQuail, Denis, *Media Performance: Mass Communication and the Public Interest*, Thousand Oaks, SAGE, 1992.

Mény, Yves e Yves Surel, *Democracies and Populist Challenge*, Londres, Palgrave Macmillan, 2002.

Meyenberg, Yolanda, «¿A quién le hablan los candidatos? Los discursos en la campaña presidencial de 2018», en Álvaro Arreola y Raúl Trejo (coords.), *La Transición presidencial. México 2018*, México, Orfila Valentini, 2018.

___________, «Introducción», *Estrategias de comunicación presidencial en México (1994-2018)*, México, IIS UNAM, 2019, p. 8.

___________, «La comunicación en la presidencia de Enrique Peña Nieto», en Yolanda Meyenberg (coord.), *Estrategias de comunicación presidencial en México (1994-2018)*, pp. 105-146, México, IIS UNAM, 2019.

___________, «Los límites de la información pública y la confianza ciudadana. El caso de México», *Revista de Investigación Social*, *6*(9), 2009, pp. 37-55.

__________, «PRD. La pugna por un nuevo liderazgo», en Rosa María Mirón y Ricardo Espinoza (coords.), *Partidos políticos. Nuevos liderazgos y relaciones internas de autoridad*, pp. 49-68, México, UAMI-AMEP IIJ UNAM, 2004.

__________, *Nicolás Maquiavelo en la sociedad a través de los clásicos*, México, FCPyS UNAM, 1992.

Meyenberg, Yolanda y Jacqueline Peschard, «La democracia en riesgo, la erosión de la apertura informativa», *Estudios Políticos*, 52, 2021, pp. 13-25, doi.org/10.22201/fcpys.24484903e.2021.52.78020.

Meyenberg, Yolanda y José Antonio Lugo, *Palabra y poder. Manual del discurso político*, México, Grijalbo, 2011.

Meyenberg, Yolanda y Rubén Aguilar, *La comunicación presidencial en México (2000-2012)*, México, IIS UNAM-Gobierno de Coahuila, 2016.

Minkes, A. L., M. W. Small y S. R. Chatterjee, «Leadership and Business Ethics: Does It Matter? Implications for Management», *Journal of Business Ethics, 20*(4), 1999, pp. 327-35.

Moffitt, Benjamin y Simon Tormey, «Rethinking populism: politics, mediatisation and political style», *Political Studies, 62*(2), 2014, pp. 381-397.

Morán Breña, Carmen, «López Obrador pide "pausar" las relaciones entre México y España: "No queremos que nos roben"», *El País*, 9 de febrero de 2022, elpais.com/mexico/2022-02-09/lopez-obrador-habla-de-pausar-las-relaciones-con-espana.html.

Moreno, Alejandro, «Cae 12 puntos la aprobación a las "mañaneras" de AMLO», *El Financiero*, 27 de abril de 2021, elfinanciero.com.mx/nacional/2021/04/27/a-los-mexicanos-ya-no-les-gustan-las-mananeras-de-amlo-solo-el-37-las-respalda/.

__________, «Cae 4 puntos la aprobación de AMLO y se ubica en 57%», *El Financiero*, 10 de mayo de 2021, elfinanciero.com.mx/nacional/2021/05/10/cae-4-puntos-la-aprobacion-de-amlo-y-se-ubica-en-57/.

Mouchon, Jean, André Gosselin y Gilles Gauthier, *Comunicación y política*, España, Gedisa, 1998.

Movimiento de Regeneración Nacional, *Declaración de principios de Morena*, 2014, morena.org/wp-content/uploads/2021/09/declaracion-de-principios-de-morena1.pdf.

Movimiento de Regeneración Nacional, *Programa del Movimiento de Regeneración Nacional*, 2014, lopezobrador.org.mx/programa-del-movimiento-regenarcion-nacional/.

Nelson, Thomas, Rosalee Clawson y Zoe Oxley, «Media Framing of a Civil Liberties Conflict and Its Effect on Tolerance», *The American Political Science Review, 91*(3), 1997, pp. 567-583.

Neumann, Franz, *Behemoth: La estructura y la práctica del Nacional Socialismo, 1933-1944*, México, FCE, 1943.

Neustadt, Richard, *Presidential Power and the Modern Presidents, The Politics of Leadership from Roosevelt to Reagan*, Nueva York, The Free Press, 1991.

Northouse, Peter G., *Leadership. Theory and Practice*, Thousand Oaks, SAGE, 2013, p. 5.

Ocampo, Isaías, «Las elecciones de 2021 en números», *Alcaldes de México*, 4 de julio de 2021, alcaldesdemexico.com/notas-principales/las-elecciones-2021-en-numeros/.

Panizza, Francisco, *El populismo como espejo de la democracia*, Buenos Aires, FCE, 2009.

Ponterotto, Joseph y Paul Pedersen, *Preventing prejudice: A guide for counselors and educators, Multicultural aspects of counseling series*, 2, SAGE, 1993.

Pratkanis, Anthony y Marlene Turner, «Persuasion and democracy: Strategies for increasing deliberative participation and social change», *Journal of Social Issues*, *52*(1), 1996, pp. 187-205.

Presidencia de la República, «Carta del presidente López Obrador al rey de España, 25 de marzo de 2019», gob.mx/presidencia/documentos/carta-del-presidente-andres-manuel-lopez-obrador-a-felipe-vi-rey-de-espana.

___________, «Conferencia de prensa del presidente Andrés Manuel López Obrador, del 15 de abril de 2019», gob.mx/presidencia/prensa/conferencia-de-prensa-del-presidente-andres-manuel-lopez-obrador-del-15-de-abril-de-2019-197270.

__________, «Conferencia de prensa que ofreció el presidente de los Estados Unidos Mexicanos, licenciado Andrés Manuel López Obrador», 4 de diciembre de 2018, gob.mx/presidencia/prensa/conferencia-de-prensa-que-ofrecio-el-presidente-de-los-estados-unidos-mexicanos-licenciado-andres-manuel-lopez-obrador.

__________, «Discurso del presidente Andrés Manuel López Obrador, Segundo Informe de Gobierno 2019-2020», 2 de septiembre de 2020, gob.mx/presidencia/prensa/discurso-del-presidente-andres-manuel-lopez-obrador-en-su-segundo-informe-de-gobierno-2020?idiom=es.

__________, «Mensaje del presidente Andrés Manuel López Obrador en el evento Mujeres Transformando México», 8 de marzo de 2019, gob.mx/presidencia/articulos/mensaje-del-presidente-andres-manuel-lopez-obrador-en-el-evento-mujeres-transformando-mexico.

__________, «Mensaje del presidente de los Estados Unidos Mexicanos, Andrés Manuel López Obrador», 1 de diciembre de 2018, gob.mx/presidencia/articulos/mensaje-del-presidente-de-los-estados-unidos-mexicanos-andres-manuel-lopez-obrador.

__________, «Versión estenográfica de la conferencia de prensa matutina | Jueves 4 de junio de 2020», gob.mx/presidencia/articulos/version-estenografica-de-la-conferencia-de-prensa-matutina-jueves-4-de-junio-de-2020.

__________, «Versión estenográfica de la conferencia de prensa matutina | Miércoles 18 de marzo de 2020», gob.mx/presidencia/articulos/version-estenografica-de-la-conferencia-de-prensa-matutina-miercoles-18-de-marzo-de-2020?idiom=es.

__________, «Versión estenográfica de la conferencia de prensa matutina | Jueves 28 de mayo de 2020», gob.mx/presidencia/articulos/version-estenografica-de-la-conferencia-de-prensa-matutina-jueves-28-de-mayo-de-2020?idiom=es.

__________, «Versión estenográfica de la conferencia de prensa matutina | Martes 9 de junio de 2020», gob.mx/presidencia/articulos/version-estenografica-de-la-conferencia-de-prensa-matutina-martes-9-de-junio-de-2020?idiom=es.

__________, «Versión estenográfica de la conferencia de prensa matutina | Miércoles 10 de junio de 2020», gob.mx/presidencia/articulos/version-estenografica-de-la-conferencia-de-prensa-matutina-miercoles-10-de-junio-de-2020.

__________, «Versión estenográfica. 2.° Informe de Gobierno 2019-2020. Acto encabezado por el presidente Andrés Manuel López Obrador desde Palacio Nacional», 1 de septiembre de 2020 gob.mx/presidencia/articulos/version-estenografica-2-informe-de-gobierno-2019-2020?idiom=es.

__________, «Versión estenográfica. Conferencia de prensa del presidente Andrés Manuel López Obrador del 9 de junio de 2022», gob.mx/presidencia/articulos/version-estenografica-conferencia-de-prensa-del-presidente-andres-manuel-lopez-obrador-del-9-de-junio-de-2022.

__________, «Versión estenográfica. Conferencia de prensa del presidente Andrés Manuel López Obrador del 20 de julio de 2022», gob.mx/presidencia/articulos/version-estenografica-conferencia-de-prensa-del-presidente-andres-manuel-lopez-obrador-del-20-de-julio-de-2022.

__________, «Versión estenográfica. Conferencia de prensa del presidente Andrés Manuel López Obrador del 21 de julio de 2022», gob.mx/presidencia/articulos/version-estenografica-conferencia-de-prensa-del-presidente-andres-manuel-lopez-obrador-del-21-de-julio-de-2022.

__________, «Versión estenográfica. Conferencia de prensa del presidente Andrés Manuel López Obrador del 18 de julio de 2022», gob.mx/presidencia/es/articulos/version-estenografica-conferencia-de-prensa-del-presidente-andres-manuel-lopez-obrador-del-18-de-julio-de-2022?idiom=es.

__________, «Versión estenográfica. Conferencia de prensa del presidente Andrés Manuel López Obrador, del 31 de julio del 2020», gob.mx/presidencia/articulos/version-estenografica-conferencia-de-prensa-del-presidente-andres-manuel-lopez-obrador-del-31-de-julio-del-2020?idiom=es.

__________, «Versión estenográfica. Conferencia de prensa del presidente Andrés Manuel López Obrador del 4 de mayo de 2021», gob.mx/presidencia/articulos/version-estenografica-conferencia-de-prensa-del-presidente-andres-manuel-lopez-obrador-del-4-de-mayo-de-2021?idiom=es.

__________, «Versión estenográfica. Firma de Declaración Conjunta y mensaje a medios de comunicación», 8 de julio de 2020, gob.mx/presidencia/articulos/version-estenografica-firma-de-declaracion-conjunta-y-mensaje-a-medios-de-comunicacion.

__________, «Versión estenográfica. Tercer Informe 2020-2021. Acto encabezado por el presidente Andrés Manuel López Obrador desde Palacio Nacional», 1 de septiembre de 2021, gob.mx/presidencia/articulos/version-estenografica-tercer-informe-2020-2021.

Quintanar Pérez, Héctor Alejandro, *Las raíces del Movimiento de Regeneración Nacional. Antecedentes, consolidación partidaria y definición ideológica de Morena*, México, Itaca, 2017.

Ramírez Zavala, Ana Luz, «Acciones y alcances del Departamento de Asuntos Indígenas en Sonora, 1936-1946», *Corpus*, *10*(2), 2020, doi.org/10.4000/corpusarchivos.4197.

Redacción de *Aristegui Noticias,* «IFE desestima pruebas sobre compra de votos», *Aristegui Noticias*, 19 de julio de 2012, aristeguinoticias.com/1907/mexico/ife-desestima-pruebas-sobre-compra-de-votos/.

Redacción de *El Financiero,* «AMLO envía nota diplomática a EU para que explique financiamiento a MCCI», *El Financiero*, 7 de mayo de 2021, elfinanciero.com.mx/nacional/2021/05/07/amlo-envia-nota-diplomatica-a-eu-para-que-explique-financiamiento-a-mcci/.

Redacción de *El Universal,* «¿AMLO, al tope de aprobación a la mitad de su gobierno? Esto dicen las encuestas», *El Universal*, 1 de diciembre de 2021, eluniversal.com.mx/nacion/amlo-al-tope-de-aprobacion-la-mitad-de-su-gobierno-esto-dicen-las-encuestas.

Redacción de *Excélsior,* «"No hace daño usar cubrebocas": López Gatell», *Excélsior*, 27 abril de 2020, excelsior.com.mx/nacional/no-hace-dano-usar-cubrebocas-López-gatell/1378584.

__________, «El uso del cubrebocas: la polémica que ha seguido a López-Gatell durante toda la pandemia», *Infobae*, 2020, infobae.com/america/mexico/2020/11/19/el-uso-del-cubrebocas-la-polemica-que-ha-seguido-a-lopez-gatell-durante-toda-la-pandemia/.

Redacción de *Regeneración*, «Discurso de AMLO tras la Toma de Protesta (Discurso Completo)», *Regeneración*, 1 de diciembre de 2018, regeneracion.mx/discurso-de-amlo-tras-la-toma-de-protesta-discurso-completo/.

Rustow, Dankwart, *Filósofos y estadistas. Estudios sobre liderismo*, México, FCE, 1976, p. 16. Kai Erikson, «Sociology and the Historical Perspective», *The American Sociologist*, *5*(4), 1970, pp. 331-338.

Safty, Adel, *Leadership and Conflict Resolution: The International Leadership Series*, Estados Unidos, Universal Publishers, 2003.

Sánchez, Adolfo, «Una izquierda para la mayoría», *Nexos*, 418, 2012, pp. 20-21.

Scheidel, Thomas M., *Persuasive Speaking*, Illinois, Scott Foresman, 1967.

Scheufele, Dietram A. «Framing as a Theory of Media Effects», *Journal of Communication*, *49*(1), 1999, pp. 103-122.

Schumann, Paul, «A moral principles framework for human resource management ethics», *Human Resource Management Review, 11*(1-2), 2001, pp. 93-111.

Secretaría de Relaciones Exteriores, «Mensaje del presidente de México, Andrés Manuel López Obrador, con Motivo del Debate General del 75 período de sesiones de la Asamblea General de la ONU», 22 de septiembre de 2020, mision.sre.gob.mx/onu/index.php/avisos/957-mensaje-del-presidente-de-mexico-andresmanuel-López-obrador-con-motivo-del-debate-general-del-75-periodo-de-sesiones-dela-asamblea-general-de-la-onu.

Semetko, Holly y Patti Valkenburg, «Framing European Politics: A Content Analysis of Press and Television News», *Journal of Communication*, *50*(2), 2000, pp. 93-109, DOI:10.1111/j.1460-2466.2000.tb02843.x.

Slothuus, Rune, «More than weighting cognitive importance: A dual-process model of issue framing effects», *Political Psychology*, *29*(1), 2008, 1-28, doi.org/10.1111/j.1467-9221.2007.00610.x.

Smith, Dorothy, *The Conceptual Practices of Power, A Feminist Sociology of Knowledge*, Boston, Northeastern University Press, 1990.

Smith, M. J., *Persuasion and human action: A review and critique of social influence theories*, California, Wadsworth, 1982.

Sniderman, Paul y Sean Theriault, «The structure of political argument and the logic of issue framing», en Willem Saris y Paul Sniderman (eds.), *Studies in public opinion*, pp. 133-165, Nueva Jersey, Princeton University Press, 2004.

Snow, David y Robert Benford, «Ideology. Frame Resonance and Participant Mobilization», *International Social Movement Research*, 1, 1988, pp. 197-217.

Snow, David, Burke Rochford Jr., Steven K. Worden y Robert D. Benford, «Frame Alignment Processes, Micromobilization, and Movement Participation», *American Sociological Review*, 51, 1986, pp. 464-481.

Solís, Juan José y Marina Acosta, «Peña Nieto y Televisa: La construcción de un presidente», *Iberofórum*, *10*(19), 2015.

SPIN Taller de Comunicación Política, Infografía #65 de Conferencia de prensa, 2021, spintcp.com/conferenciapresidente/infografia-65/.

Takala, Tuomo, «Plato on leadership», *Journal of Business Ethics*, *17*(7), 1998, pp. 785-798.

Tejera Gaona, Héctor y Emanuel Rodríguez Domínguez, «Las paradojas de la democracia: partido dominante, gobierno y redes políticas en la Ciudad de México», *Estudios Sociológicos*, *33*(98), 2015, pp. 375-408, scielo.org.mx/scielo.php?script=sci_arttext&pid=S2448-64422015000200375&lng=es&nrm=iso.

Tucker, Robert C., «La Teoría del Liderismo Carismático», en Dankwart A. Rustow (ed.), *Filósofos y estadistas. Estudios sobre el liderismo*, México, FCE, 1976. pp. 95-126.

Tulis, Jeffrey, *The Rhetorical Presidency*, Nueva Jersey, Princeton University Press, 1987.

Valkenburg, Patti, Holly Semetko y Hubert Claes, «The Effects of News Frames on Readers», *Communication Research*, *26*(5), 1999, pp. 550-569, DOI:10.1177/009365099026005002.

Velásquez, Guillermo, «Liderazgo empático, Un modelo de liderazgo para las organizaciones mexicanas», *Revista del Centro de Investigación de la Universidad La Salle*, *6*(23), 2005, pp. 81-100.

Vergara, Rosalía, «Bajo el slogan: la presidencia no se compra, anuncia AMLO campaña nacional», *Proceso*, 20 de julio de 2012, proceso.com.mx/nacional/politica/2012/7/20/bajo-el-slogan-la-presidencia-no-se-compra-anuncia-amlo-campana-nacional-105886.html.

Vliegenthart, Rens y Liesbet Van Zoonen, «Power to the frame: Bringing sociology back to frame analysis», *European Journal of Communication*, *26*(2), 2011, pp. 101-115.

Weyland, Kurt, «Clarifying a Contested Concept: Populism in the Study of Latin American Politics», *Comparative Politics*, *34*(1), 2001, pp. 1-22.

Zaller, John, *The Nature and Origins of Mass Opinion*, Reino Unido, Cambridge University Press, 1992.

Zamudio, Isabel, «Si se va AMLO, se acabará la esquizofrenia», *Milenio*, México, 9 de septiembre de 2012, p. 4.

Índice